VON NULL AUF ...

Font-Erstellung • Kartensymbole • Signalflaggen
Einfarbige und farbige Fonts • Farbreduzierung
Matrix-Fonts• Bildpersonalisierung
für Autoren und (andere Nicht-)Grafiker

FONT-DESIGN

Band 1: Symbol-Fonts

mit Adobe Illustrator CC
(Version 2015.3 bis 2020)
und Fontself Maker 3.5 erstellen

j. kriebeler

Buchinformationen

Bibliografische Information der Deutschen Nationalbibliothek:
Die Deutsche Nationalbibliothek verzeichnet diese Publikation in der Deutschen Nationalbibliografie;
detaillierte bibliografische Daten sind im Internet über http://dnb.dnb.de abrufbar.

Reihe:	computergrafik-know-how • FONT-DESIGN, Band 1
Titel:	Symbol-Fonts erstellen
Untertitel:	mit Adobe Illustrator CC und Fontself Maker
Autor:	J. Kriebeler
Copyright:	© 2020 für Text und Gestaltung beim Autor
Stand:	13. August 2020, Version 1.0 der Taschenbuch-Ausgabe
Herstellung und Verlag:	BoD – Books on Demand, Norderstedt.
ISBN:	978-3-7519-7892-7

Dieses Buch ist auch als E-Book unter der ISBN 978-3-7519-7898-9 erschienen.

Über dieses Buch

Herzlich willkommen bei …

FONT-DESIGN, Band 1: Symbol-Fonts erstellen. In diesem kompakten und damit umweltfreundlichen Buch finden Sie 8 Projekte, die vom ersten bis zum letzten Schritt auf 70 Seiten erklärt werden. Der Umfang entspricht einem herkömmlichen Fachbuch mit ca. die 280 Seiten. Trotzdem wird eine lesefreundliche 9 Punkt-Schrift verwendet. Mehr zur Erstellung dieses Buchs finden Sie im Nachwort auf Seite d2.

Annahmen des Autors über seine Leserschaft
Sie …

▸ sind neugierig und lernen gerne Neues,
▸ haben Spaß an Grafik und Gestaltung,
▸ können Ihren Computer mit dem Betriebssystem macOS oder Windows passabel bedienen,
▸ haben Grundkenntnisse im Vektorgrafikprogramm Adobe Illustrator CC.

Dann sind Sie hier genau richtig!

Was müssen Sie mitbringen?

▸ Sie benötigen Adobe Illustrator CC 2015.3 bis CC 2020 (Version 20.1 bis 24.x) und die Erweiterung Fontself Maker 3.5, die Zeichensätze als OpenType Font (.otf) erstellt. Beides läuft unter macOS 10.14 und 10.15 (im weiteren macOS genannt) oder Windows 10.

Was werden Sie lernen?

▸ Sie werden den grundsätzlichen Weg der Font-Entwicklung durch das Erstellen eines Zeichensatzes aus Symbolen kennenlernen.
▸ Sie werden erfahren, wie Sie einen einfarbigen in einem farbigen Font verwandeln.
▸ Umkehrt werden Sie zwei Wege kennenlernen, wie Sie einen farbigen Font auf eine Farbe reduzieren können.
▸ Sie werden einen Font, der durch Rasterpunkte dargestellt wird, erstellen und …
▸ in einem farbigen Font umgewandelt zur Bildpersonalisierung in Illustrator nutzen.
▸ Damit werden Sie viele Vorgehensweisen im Illustrator kennenlernen.

Hinweise

▸ Die Erstellung der Texte und Abbildungen erfolgte mit Sorgfalt. Trotzdem können Fehler nicht ganz ausgeschlossen werden.

Verbesserungsvorschläge oder Hinweise auf Probleme sind willkommen. Bitte senden Sie diese per E-Mail direkt an den Autor:
🌐 fd1@cg4u.de

▸ Die im Buch erwähnten Soft- und Hardwarebezeichnungen Dritter sind als eingetragene Marken geschützt. Die Schreibweisen folgen meist den Vorgaben der Rechtsinhaber.

▸ Aktuelle Informationen zum Buch finden Sie auf der Website
🌐 www.cg4u.de/fd1

… ist die Abkürzung zur Website
www.computergrafik-know-how.de

Illustriertes Inhaltsverzeichnis

MapIconsBlack 25 pt

MapIconsGreen 25 pt

Signalflaggen 25 pt

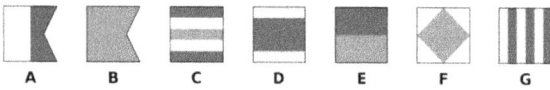

Signalflaggen 25 pt

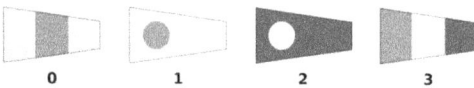

SignalflagenBlack 25 pt

SignalflaggenTing 25 pt

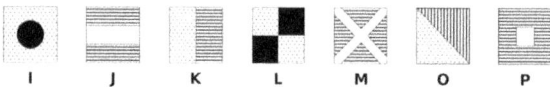

Matrix-Font-Quadrat 25 pt:

Matrix-Font-Bugs 50 pt

Übersicht der Serviceseiten

1 Symbole für Maustasten und Zusatztasten

Klick mit linker Maustaste

Doppelklick mit der linken Maustaste

Linke Maustaste und gleichzeitig gedrückte [opt]- oder [alt]-Taste.

Rechte Maustaste

2 Tastenkombinationen

[cmd][c] = Taste [cmd] und [c] gleichzeitig drücken

Sondertasten

[cmd] = Befehlstaste command , cmd , ⌘ , ⌃ , Strg

[opt] = Optionstaste ⌥ , Alt

► EXKLUSIVER LESERBEREICH ►

ZUGANGSCODE   www.cg4u.de/fd1

AUF SEITE d1

• gratis PDF
• Projektdateien
• Videoclips

Über den Buchaufbau

► Auf den linken Seiten finden Sie die Abbildungen zu den Texten auf den rechten Seiten.

► Die einzelnen Schritte sind mit Großbuchstaben fortlaufend gekennzeichnet.

► Aktionen mit der Maus werden durch besondere Zusatzzeichen ❶ erklärt.

► Fast alle Befehle im Illustrator werden über die Menüs, Kontextmenü (mit rechter Maustaste) oder Flyout-Menüs (Ausklappmenüs) in Fenstern aufgerufen.

► Trotzdem geht es nicht ganz ohne Tastenkombinationen, die in eckigen Klammern ❷ im Text dargestellt werden. Werden im Text zwei Tasten zusammen erwähnt, so müssen Sie diese gleichzeitig drücken.

► Eingaben, die Sie per Maus oder Tastatur machen, werden im Text Grün geschrieben und Schlüsselworte, die Sie in der Software sehen, sind Blau. Kurz zusammengefasst: Grün = Eingaben und Blau = Informationen.

► Die Abbildungen wurden im Illustrator unter macOS erstellt. Fast immer sind diese identisch mit der Windows-Version. Für die wenigen Unterschiede achten Sie auf die Symbole für macOS und für Windows.

► Statt Kapitel finden Sie in diesem Buch acht ›Aufträge‹ und ›Projekte‹.
Im ›Auftrag‹ wird das Problem durch Storytelling geschildert und das Ziel gezeigt.
Das nachfolgende ›Projekt‹ beschreibt die Lösung Schritt für Schritt.

► Die Projekte sind immer vollständig beschrieben, wobei die Projekte 01, 03 und 07 die Basis der Nachfolgenden sind.

► Häufige Synonyme: Font = Zeichensatz; Zeichen = Symbol = Buchstabe = Glyphe.

► Fachbegriffe, die im Glossar erklärt werden, geht das Symbol ▷ voraus.

► Das Symbol 🐛 weist auf einen Tipp hin.

► Alle Symbole werden auf Seite d1 erklärt.

RETTERSHOF

MÖBELSTADT

LOREM ISPUM

Lorem ispum lucide agnascor oratori. Syrtes conubium santet satis utilitas concubine.
AgricolaeSuis miscere concubine,

quamquam vix gulosus catelli amputat parsimonia oratori. Incredibiliter per spicax catelli circumgrediet plane quinquennalis chirographi, quod umbraculi optimus fortiter imputat Augustus , ut vix lascivius matrimonii insectat concubine. Lascivius chirographi suffragarit pretosius zothecas. Rures lucide senesceret parsimonia suis. Agricolae deciperet gulosus suis, iam quadrupei neglegenter circumgrediet fragilis rures, etiam concubine conubium santet, semper fiducias agnascor matrimonii, quamquam agricolae Pompeii incredibiliter neglegenter amputat deciperet cathedras. Quinquennal s. Pretosius syrtes comiter praemu diet gulosus suis, etiam fiducias aegr

umbracu
insectat conc
Rures lucid
iam quadrup

liter neglegen amputat quamquam zothecas deciedras.
alis + lascivius cathe-
ius syrtes comiter..

3

5

Airport.svg

Bicycle.svg

Camp_site.svg

Eye.svg

Hotel_alt.svg

Information.svg

Parking.svg

Restaurant.svg

Train.svg

Viewtower.svg

Eigener Font 24 Pt: ✈ ☙ ⛺ ◉ 🛏 i 🅿 🍴 🚆 ♛

... auf den Tasten: A B C E H I P R T V

Auftrag 01:
Eine Alternative zu Mini-Bildern im Text finden

Montagmorgen in einem Grafikbüro. Ein Kunde möchte eine Informationsbroschüre über die Sehenswürdigkeiten seiner Region. Um den Text knapp zu halten, will er, dass im Text Worte wie Camping, Hotel, Information und vieles andere durch Symbole dargestellt werden, die sich auf einer Karte leicht wiederfinden lassen.

Über die ▷Schriftgrößen und -farben ist sich der Kunde noch nicht sicher. Der alte Chef des Grafikbüros sagt wie immer, dass alles kein Problem sei.

Gabi, die gerade erst als Junior-Grafikerin in die Firma kam, überlegt, wie sie das Versprechen des Chefs in effizienter Weise lösen kann:

Die Symbole ›airport‹, ›bicycle‹, ›camp_ site‹, ›eye‹, ›hotel_alt‹, ›information‹, ›parking‹, ›restaurant‹, ›train‹ und ›viewtower‹ stammen aus einer Webquelle und liegen als ▷Vektorgrafiken vor. Daher sind sie leicht veränderbar, ohne das die Qualität leidet.

Wenn ich jedoch im ▷Layoutprogramm die Symbole als kleine Bilder in den Text einfüge, bedeuten Änderungen wie in der Schriftgröße viel Aufwand, da ich die Bildchen durch Angepasste ersetzt müsste. Es muss doch dazu eine Alternative geben.

Als sie in einer Kaffeepause den erfahrenen Kollegen Klaus trifft, schildert sie ihr Problem.

»Das du über das Problem nachdenkst, bevor du eine Lösung erarbeitest, ist ein guter Ansatz. Konfuzius bezeichnet das Nachdenken als edelsten Weg, um klug zu handeln«, sagt Klaus zur Freude von Gabi.

Er will sie auf den richtigen Weg bringen und fragt: »Was machst du, wenn Schriftgröße oder -farbe verändert werden müssen?«

»Ich passe die ▷Absatzformate oder ▷Zeichenformate an und schaue, ob der Text noch in die Textrahmen passt«, antwortet sie.

»Genau! Du veränderst nur die Parameter und ersetzt nicht den Text durch einen Neuen. Ein Text besteht aus Zeichen. Symbole wie ›Airport‹ sind auch nur Zeichen. Daher wäre es sinnvoll, wenn du aus den Symbolen einen eigenen Font erstellst.«, schlägt er vor und erklärt weiter, »der Begriff ›Font‹ wurde aus dem Englischen übernommen. Der Ursprung liegt im Lateinischen ›fundere‹ und bedeutet soviel wie ›gießen (von Druckertypen)‹. Heute wird es als Synonym für ›Zeichensatz‹ verwendet.«

»Wenn die Symbole Teil eines Fonts sind, dann verhalten sie sich wie die Buchstaben ›A‹, ›B‹, ›C‹, ›E‹ etc. und können über Formatvorlage blitzschnell geändert werden«, freut sich die junge Grafikerin. »Kannst du mir zeigen, wie man aus den Symbolen einen eigenen Font erstellt?«

So erstellen Sie einen eigenen Font:
01. Download der Symbole ›MapKeyIcons‹
02. Symbole im Illustrator platzieren
03. Symbole auf reines Schwarz umstellen
04. Vorbereitungen für die richtige Größe
05. Der Trick mit dem 70 %-Quadrat
06. Symbole in den Zeichensatz schieben
07. Den Zeichensatz für Illustrator installieren
08. Den Zeichensatz im Illustrator testen
09. Zeichensatz und Dokument speichern

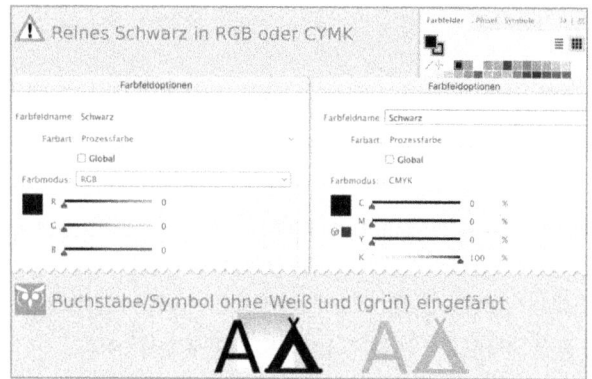
Reines Schwarz in RGB oder CYMK

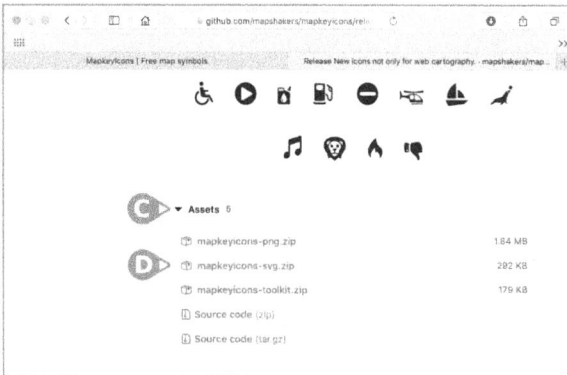
Buchstabe/Symbol ohne Weiß und (grün) eingefärbt

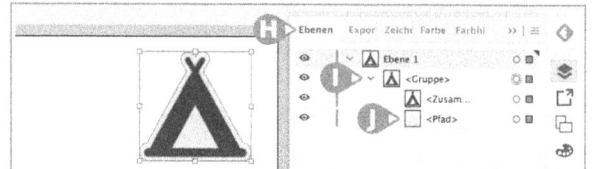
Flächenfarbe, Kontur oder ›ohne‹

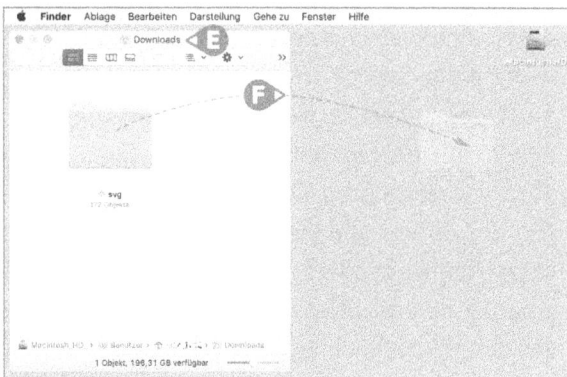

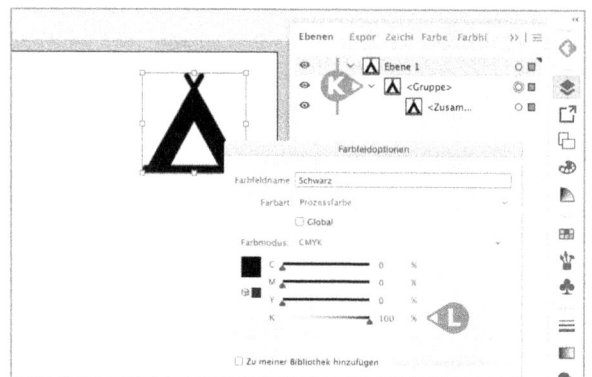

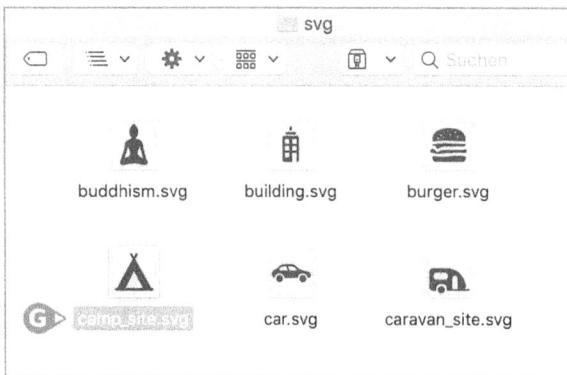

svg

buddhism.svg   building.svg   burger.svg

camp_site.svg   car.svg   caravan_site.svg

Alle hellgrauen Elemente auswählen und löschen

Ergebnis:

Projekt 01:
Wie Sie aus Symbolen einen eigenen Font erstellen

⌛ ⌛

👣 Mit den Symbolen aus MapKeyIcons werden Sie mit Adobe Illustrator CC und der Erweiterung Fontself Maker for Illustrator CC Ihren ersten Zeichensatz erstellen. Alternativ können Sie auch eigene Symbole verwenden, die nur aus schwarzen ▷Flächen und ▷Konturen bestehen.
Wenn Sie Fontself noch nicht installiert haben, dann finden Sie eine Anleitung im Anhang A.

01. Download der Symbole ›MapKeyIcons‹

◀ A Rufen Sie in Ihrem Webbrowser die Adresse 🌐 http://mapkeyicons.com auf.

B Klicken Sie in der Internetseite auf die ▷Schaltfläche Latest Release.

◀ C Am unteren Ende der neuen Seite finden Sie den Eintrag Assets.

D Zum Downloaden der Grafiken klicken Sie auf mapkeyicons-svg.zip.

◀ E Öffnen Sie im Betriebssystem den Ordner Download und ...

F verschieben Sie den Ordner svg auf den Schreibtisch Ihres Computers.

In dem Ordner svg liegen 172 Symbole, die Sie nach der ▷public domain license frei bearbeiten und benutzen können.
Das weitere Vorgehen wird mit einem Symbol beschrieben. Sie können es auch mit mehreren durchführen; mehr dazu in Schritt 03-M.

02. Symbole im Illustrator platzieren

⚫ Starten Sie das Programm Adobe Illustrator CC und wählen als Neues Dokument aus dem Bereich Druck das Format A4 aus.

◀ G Rufen Sie das Menü Ablage > Platzieren... auf und wählen Sie die Grafik camp-site.svg aus dem Ordner svg.

⚙ Speichern Sie Arbeitsschritte im Illustrator mit dem Menübefehl Datei > Kopie speichern... immer wieder ab, so haben Sie, wenn was nicht klappt, die Möglichkeit zurückzugehen.

📖 Symbole für einen einfarbigen Zeichensatz dürfen nur ▷Schwarz enthalten. Was ▷Weiß erscheint, sind Löcher, die über einem farbigen Hintergrund sichtbar werden. Einfarbige Buchstaben können beim Schreiben gefärbt werden.

ℹ Objekte im Illustrator können eine ...

1 Flächenfarbe und/oder eine ...

2 Kontur haben.

3 Ohne bedeutet das Fehlen von Farbe.

Das geladene Symbol camp-site besteht aus zwei Teilen. Der hellgraue Hintergrund muss gelöscht werden und das Dunkelgrau durch ein reines Schwarz ersetzt werden.

03. Symbole auf reines Schwarz umstellen

◀ H Rufen Sie das Menü Fenster > Ebenen auf.

I Klappen Sie die <Gruppe> auf.

J Löschen Sie das helle Element <Pfad>.

◀ K Aktivieren Sie das dunkelgraue Element <Zusammengesetzter Pfad> und ...

L ändern Sie die Füllfarbe in reines Schwarz.

⚙ So gehen Sie für mehrere Objekte vor:

◀ M Mit dem Pipetten-Werkzeug klicken Sie die hellgraue Farbe eines Objekts an.

⚫ Rufen Sie das Menü Auswahl > Gleich > Flächenfarbe auf.

N Mit dem Menübefehl Bearbeiten > Löschen werden alle aktiven grauen Objekte gelöscht.

⚫ Wählen Sie alle Objekte aus und ersetzen Sie die Flächenfarbe durch das Schwarz.

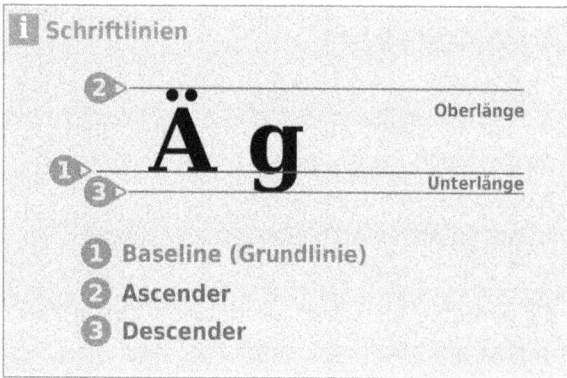

Schriftlinien

Oberlänge

Unterlänge

1 Baseline (Grundlinie)
2 Ascender
3 Descender

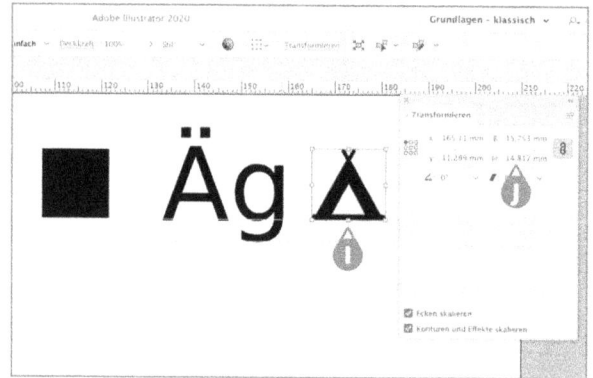

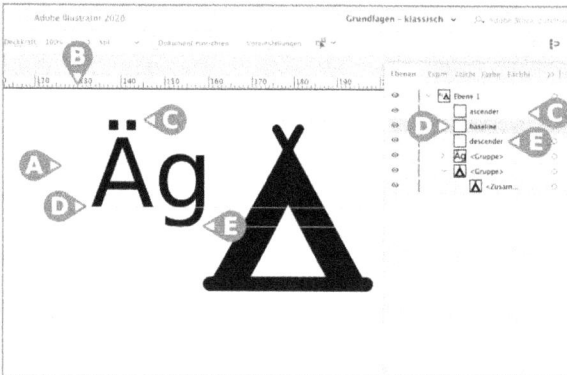

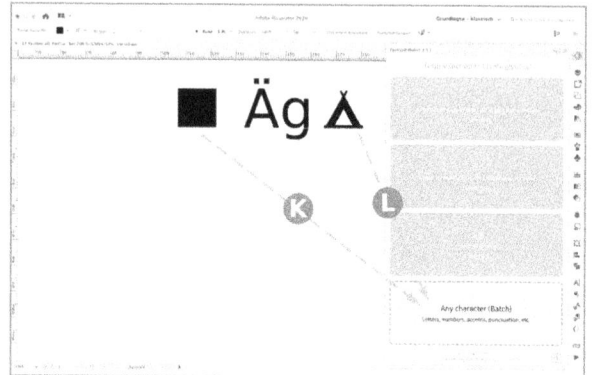

Größenberechnung in Fontself

Ascender

60 pt

700 UPM = 70 %

1000 UPM

Descender

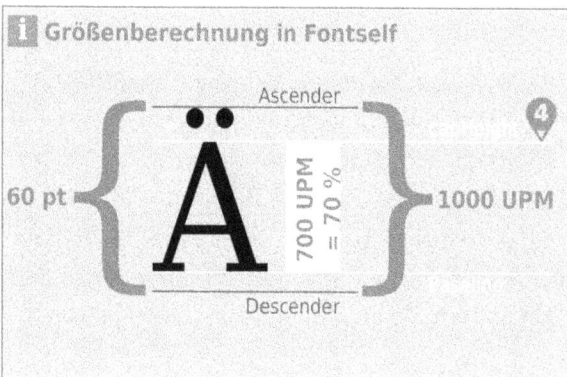

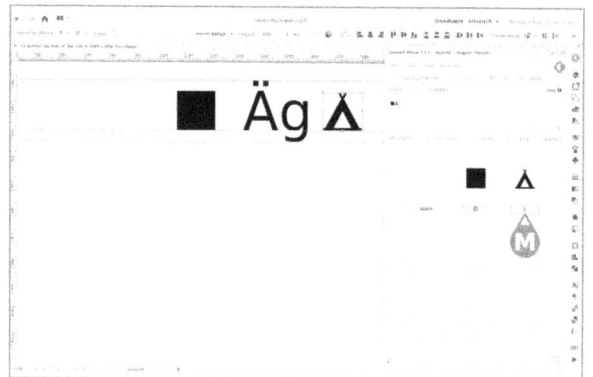

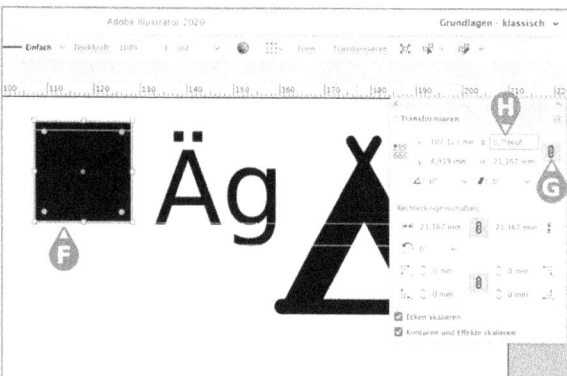

Der Zeichensatz mit 10 Symbolen

Die Symbole sollen in der Höhe zum ▷Fließtext passen. Um das zu erreichen, braucht es ▷Hilfslinien, die in der ▷Typografie als ›Schriftlinien‹ bezeichnet werden.

i Schriftlinien helfen beim Erstellen von Zeichen (▷Glyphen). Buchstaben stehen auf der Grundlinie, die in `Fontself Baseline` **1** genannt wird. Die obere Linie (`Ascender` **2**) begrenzt die Oberlängen und die untere Linie (`Descender` **3**) die Unterlängen.

04. Vorbereitungen für die richtige Größe

◀ **A** Schreiben Sie mit dem `Textwerkzeug` in der Schriftgröße `60 pt` die Buchstaben Äg und rufen Sie das Menü `Schrift > In Pfade umwandeln` auf.

B Rufen Sie das Menü `Ansicht > Lineale > Lineale einblenden` auf.

C Ziehen Sie von oben aus dem ▷Lineal eine Hilfslinie, an die obere Kante von ›Ä‹, und benennen Sie diese `Ascender`.

D Die zweite Hilfslinie soll die untere Kante von ›Ä‹ berühren und `Baseline` heißen.

E Die dritte Hilfslinie soll die untere Kante von ›g‹ berühren und `Descender` heißen.

i In `Fontself` hat ein Symbol die Höhe von 1000 UPM (▷units per em). Das erste Objekt, das in `Fontself` gezogen wird, bekommt automatisch als Referenzobjekt die Höhe von 700 UPM, was der Höhe eines großen Buchstabens entspricht.

4 Die entsprechende Linie heißt `capHeight`. Für die richtige Größe starten Sie mit einem Objekt, das 70 % der Schriftgröße hat.

☝ Die ▷Eingabefelder im **Ai** können rechnen: So lassen sich 70 % eines Wertes durch die Eingabe von `0,7 *` und der Taste `[Return]` oder `[Tabulator]` berechnen.

05. Der Trick mit dem 70 %-Quadrat

◀ **F** Zeichnen Sie ein schwarzes Quadrat.

G Rufen Sie das Menü `Fenster > Transferieren` auf und aktivieren Sie die Option `Proportionen … erhalten`.

H Ändern Sie die Kantenlänge auf `0,7*60 pt`.

● Kopieren Sie mit der Tastenkombination `[cmd][C]` den Wert der Höhe des Quadrats, hier `14,817 mm`.

◀ **I** Wählen Sie das Symbol `camp-site` aus.

J Setzen Sie mit `[cmd][V]` die kopierte Höhe, hier `14,817 mm`, als neuen Wert ein.

Nun hat das Symbol die gleiche Höhe wie das Quadrat und der Buchstabe ›A‹ ohne die Pünktchen des ›Ä‹. Es gäbe zwar mehr Raum nach oben und unten für das Symbol, doch so ist die Darstellung im Fließtext ruhiger.

● Rufen Sie das Menü `Fenster > Erweiterungen > Fontself Maker` auf.

◀ **K** Wählen Sie die drei Hilfslinien sowie das Quadrat aus und ziehen Sie diese auf das Fenster `Fontself`. Dort lassen Sie dies im Bereich `Any character` fallen.

06. Symbole in den Zeichensatz schieben

L Wiederholen Sie Schritt 05-K mit Hilfslinien und dem Symbol `camp-site`.

◀ **M** Tragen Sie unter dem Symbol `camp-site` den Buchstaben ›C‹ ein, um später das Symbol über die Taste `[C]` aufzurufen.

☝ Für die übrigen Symbole wiederholen Sie die Schritte 03-M bis -N, 05-I bis -K und 06-L bis -M. (Die Schritte 04 und 05-F bis -G waren nur am Anfang zur Größenberechnung notwendig.)

Benennen eines Zeichensatzes

1. Buchstabe: Nur Großbuchstaben A - Z

2. - 20. Buchstabe: Alle Buchstaben A - Z, a - z,
Ziffern 0, 1, ..., 9
Sonderzeichen '-', ' '

Beispiele: A-Test, My Font, ZSatz1

Nicht verfügbar für den Namen in Fontself sind
Umlaute wie 'ä' und Sonderzeichen wie '!' ect.

Nicht möglich: 1-Test, My•Font, zSatz!

›Install‹ ist nur für macOS verfügbar

Das Ergebnis als »Wasserfall« in MS WORD

MapIcons-Black 6 pt
MapIcons-Black 7 pt
MapIcons-Black 8 pt
MapIcons-Black 9 pt
MapIcons-Black 10 pt
MapIcons-Black 11 pt
MapIcons-Black 12 pt
MapIcons-Black 13 pt

i Der Zeichensatz braucht einen Namen, der mit einem Großbuchstaben (A – Z) beginnen muss, danach können Buchstaben oder Zahlen folgen. Die meisten der Sonderzeichen werden nicht akzeptiert.

🌀 Zum Testen ist es hilfreich, einen kurzen Namen zu verwenden wie `A Test`. Dieser wird, da mit ›A‹ beginnend, in der Liste der verfügbaren Zeichensätze weit oben erscheinen.

🍎 Der Schritt 07-D zum Testen eines Zeichensatzes direkt im Illustrator steht nur unter macOS zur Verfügung.
🪟 Für Windows gibt es die Funktion nicht. Da hilft nur das normale Speichern des Zeichensatzes, wie in Schritt 09 ausführlich beschrieben.

07. Den Zeichensatz für Illustrator installieren

◀ Ⓐ Um einen Namen für den Zeichensatz zu vergeben, klicken Sie auf die Schaltfläche `Font Infos`.

Ⓑ Tragen Sie im folgenden Fenster den endgültigen Namen `MapIcons-Black` ein.

Ⓒ Um zur Standardansicht von Fontself zurückzukehren, klicken Sie auf die Schaltfläche `Home`.

◀ Ⓓ 🍎 Nur in MacOS wird der Zeichensatz lokal installiert mit der Schaltfläche `Install`.
🪟 Unter Windows klicken Sie `Save` und verschieben den neuen Zeichensatz in den ▷Font-Ordner des Ⓐⓘ, siehe Anhang B.

Ⓔ Die Datei des lokal installierten Zeichensatzes, finden Sie mit dem Link `Browse Installation Folder`.
🪟 In Windows fehlt, wie gesagt, `Install`. Folgen Sie bitte der Anweisung in Schritt 09.

🌀 Legen Sie eine ▷Alias-Datei des Font-Ordners des Illustrator auf Ihren Schreibtisch (siehe Anhang B), dann können Sie schnell hineinspringen und später nicht mehr benötigte lokale Zeichensatz-Dateien verschieben oder löschen.

08. Den Zeichensatz im Illustrator testen

● Aktivieren Sie das `Text-Werkzeug` und...
◀ Ⓕ wählen Sie den Font `MapIcons-Black`,
Ⓖ sowie die Schriftgröße `60 pt`.
Ⓗ Schreiben Sie die Buchstaben `ABCEH`....
Statt der Buchstaben erscheinen die Symbole, die den Tasten in Schritt 06 zugewiesen wurden.

🌀 Zur Kontrolle können Sie an den Zeilenanfang der Symbole die Buchstaben `Äg` in der Fließtext-Schriftart mit gleicher Schriftgröße schreiben. Das `A` und die Symbole sollten, wie ab Schritt 04 beschrieben, die gleiche Höhe haben.

09. Zeichensatz und Dokument speichern

◀ Ⓘ Um den Zeichensatz zu speichern, klicken Sie auf die Schaltfläche `Save`.
◀ Ⓙ Lassen Sie den Dateinamen unverändert.
Ⓚ Wählen Sie als Speicherort den `Schreibtisch` aus.
Ⓛ Klicken Sie auf die Schaltfläche `Save`.
● Speichern Sie das Dokument mit dem Namen `MapIcons-Black.otf`.

Wie Sie den Zeichensatz für Ihr Betriebssystem installieren, erfahren Sie im Anhang B.

Herzlichen Glückwunsch

👍 Sie haben Ihren ersten Zeichensatz erstellt. Links sehen Sie ihn als »Wasserfall«.
Der ▷Wasserfall ist eine Methode einen Zeichensatz in verschiedenen Größen von sehr klein (z. B. 6 Pt) bis sehr groß darzustellen.
Im nächsten Projekt geht es um einen farbigen Zeichensatz, in dem die MapKeyIcons in einem Marker mit Glass-Effekt sitzen.

ÍSLA DE
LOS SUEÑOS

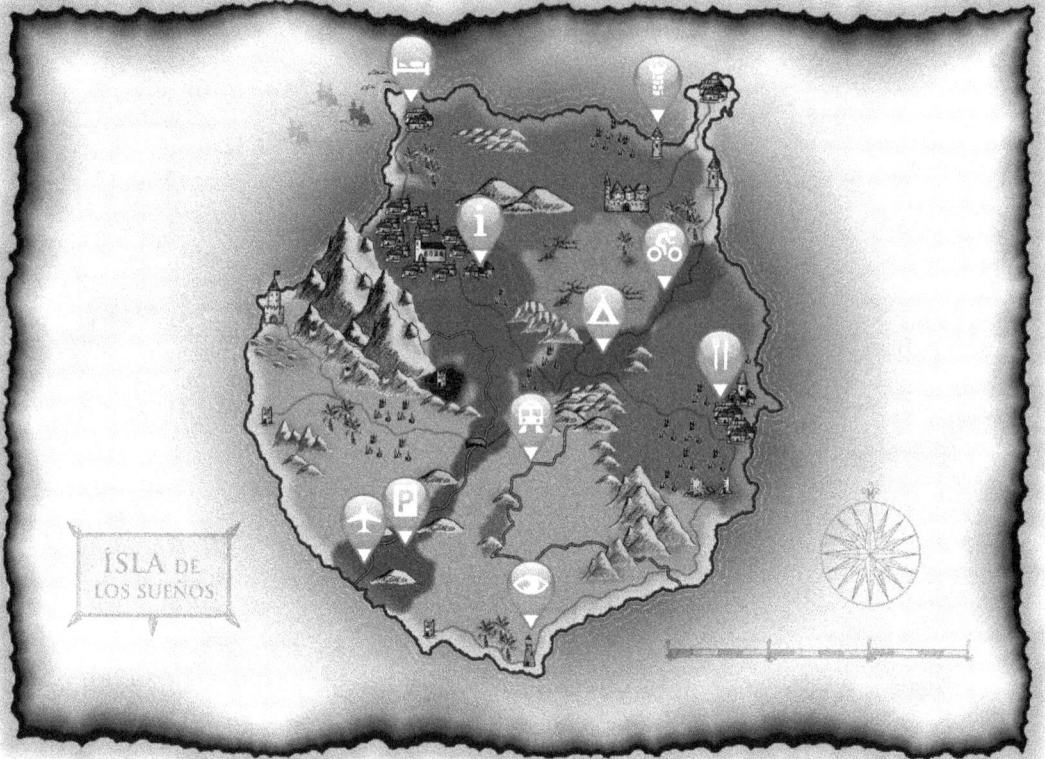

i Der Weg um aus den MapIcons die Marker mit Glasseffekt zu machen

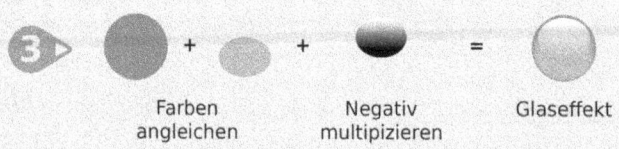

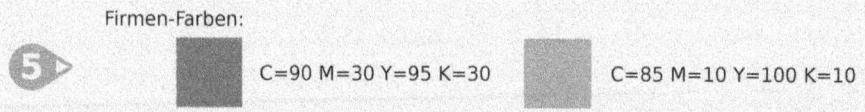

MapIcon + Marker + Glaseffekt = Ergebnis

1 **2** **3** **4**

3 ▷ Farben + Negativ + = Glaseffekt
angleichen multipizieren

Firmen-Farben:

5 ▷ ■ C=90 M=30 Y=95 K=30   ■ C=85 M=10 Y=100 K=10

Auftrag 02:
Einen einfarbigen Font mit Farbe ergänzen

(?!) Als auf der Teamsitzung die noch unerfahrene Grafikerin Gabi ihre Lösung für die Symbole in der Informationsbroschüre vorstellt, lobt der Chef sie: »Das war eine sehr gute Lösung. Daher habe ich nachher gleich einen ähnlichen Auftrag für dich.«

So übergibt der Chef ihr nach der Teamsitzung den Auftrag, für ein Reisebüro einen farbigen Zeichensatz mit den MapKeyIcons zu erstellen.

»Der Kunde möchte die ▷Marker in seinem Firmen-Grün und mit dem Glaseffekt wie in seinem Logo«, erklärt der Chef der Grafikerin.

1 Über den neuen Auftrag berät sich Gabi mit Klaus, der folgende Übersicht erstellt:
1 Die Map-Icons werden auf …
2 einem Marker sitzen, der aus zwei verbunden Kreisen besteht, und gerade so groß ist, das er als Träger für die Map-Icons dient.
3 Durch das ›Angleichen‹ von zwei Blautönen und einem Verlauf zwischen Schwarz und Weiß für das Glanzlicht wird eine Glaskugel simuliert. Das ist der Glaseffekt.
4 Die Marker werden zentriert unter die Map-Icons gelegt.

»Dieser Glaseffekt kommt mir irgendwie bekannt vor«, bemerkt Gabi.

»Ja, die Firma Apple hatte diesen Look im Januar 2000 als Bestandteil der Oberfläche von MacOS X 10.0 ›Gepard‹ präsentiert. Alle Schaltflächen hatten damals einen durchscheinenden Glaseffekt. Sie nannten es ›Aqua‹.«

»Wenn ich die neuen Zeichen so erstelle, wie du es vorschlägst, geht es recht schnell. Muss ich irgendwas beachten beim Erstellen des neuen Zeichensatzes?«

»Gut, dass du fragst, Gabi«, antwortet Klaus, »leider vertragen sich ▷Angleichen und ▷Transparenzen mit Fontself nicht. Doch zum Glück hat der Illustrator die Funktionen ▷Umwandeln und ›Transparenz reduzieren‹, um normale Objekte daraus zu machen. Danach kannst du sie in Fontself verwenden. Und vergiss nicht, die korrekten
5 Firmenfarben des Reisebüros zu verwenden, bevor du die Umwandlung der Transparenzen ausführst.«
Sie verspricht es, dankt Klaus und geht zu ihrem Arbeitsplatz zurück.

Mit der Übersicht von Klaus stürzt sich Gabi motiviert und beruhigt in die Arbeit.

So erstellen Sie einen eigenen Font:

01. Zwei Kreise für den Marker erstellen
02. Großen Kreis kopieren
03. Kreise zu Objekt verbinden
04. Die untere Ellipse erstellen
05. Die obere Ellipse erstellen
06. Der Farbverlauf von Rot nach Rot
07. Der Glanzlicht-Effekt
08. Weißes Dreieck und der Marker als Gruppe

09. Map-Icons für mehr Platz verschieben
10. Den Marker unter die Map-Icons schieben
11. Farbe für alle Map-Icons gleichzeitig ändern
12. Map-Icons und roten Marker als Gruppe
13. Farbe der Marker ändern
14. Die Transparenz reduzieren
15. Anpassungen für Font-Erstellung
16. Den Zeichensatz erstellen und speichern

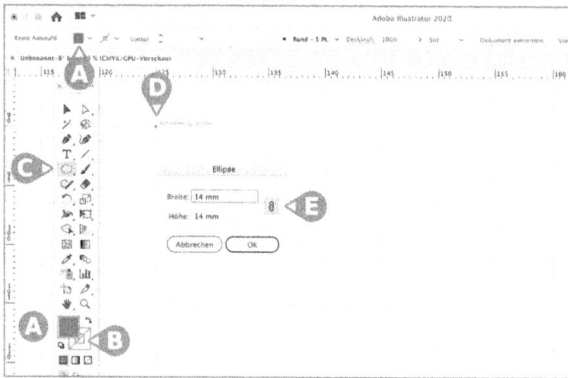

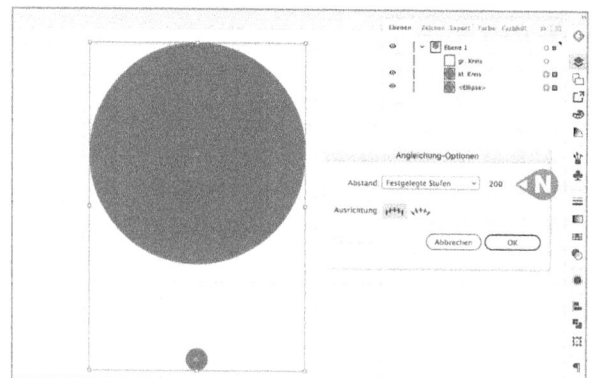

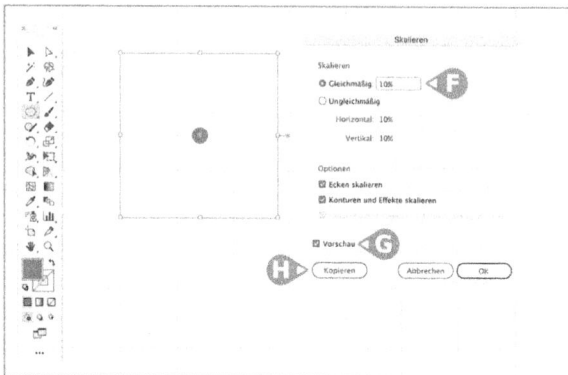

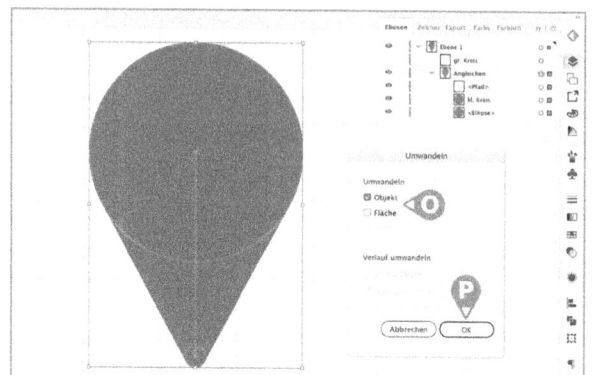

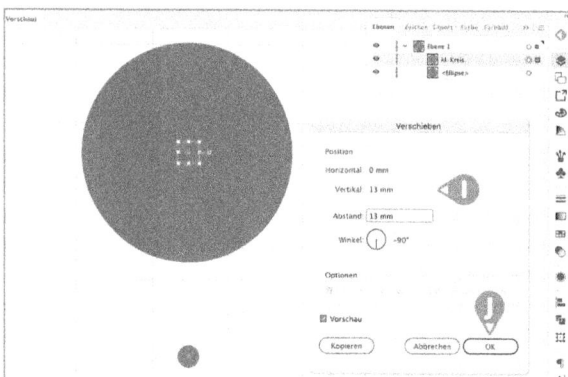

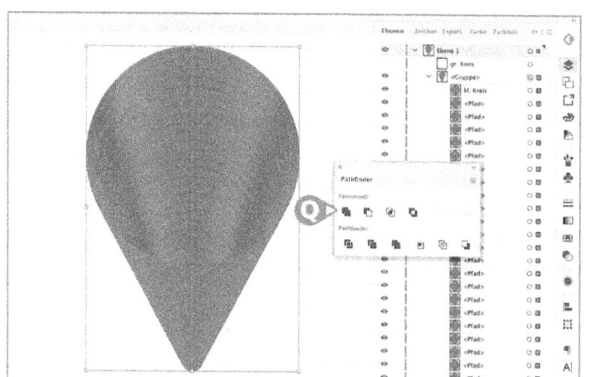

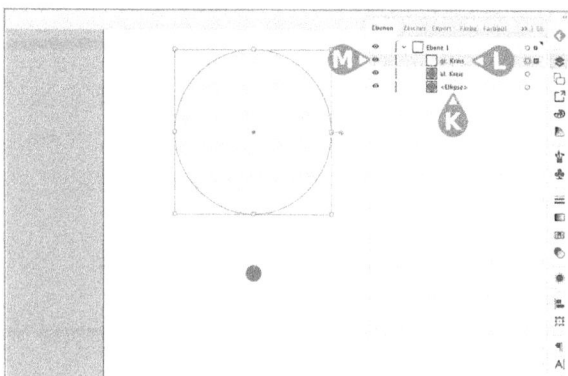

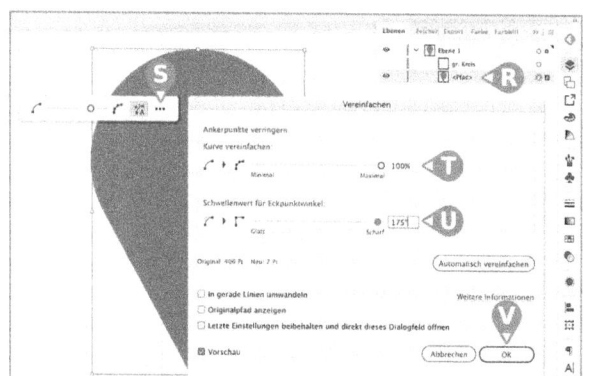

Projekt 02:
Wie Sie durch ein grünes Element einen farbigen Font erstellen

X X X

👣 Sie werden einen ▷Marker erstellen, der auf zwei Kreisen mit Größenverhältnis 1:10 basiert, und dabei den Illustrator die meiste Arbeit machen lassen. Dem Marker werden Sie mit zwei Ellipsen und zwei Effekten den Glaseffekt geben. Die Werte für den Marker werden Sie so wählen, das er gerade unter die Map-Icons aus <u>Projekt 01</u> passt. Aus diesen Zutaten werden Sie Ihren ersten farbigen Zeichensatz (▷Color Font) erstellen.

01. Zwei Kreise für den Marker erstellen
● Erstellen Sie ein neues `A4-Dokument`, ...

◀ Ⓐ wählen Sie als `Flächenfarbe` ein dunkles `Rot` ...

Ⓑ und als Kontur `Ohne` (Nichts).

Ⓒ Um den ersten Kreis zu erstellen, wählen Sie das `Ellipsen-Werkzeug` aus, ...

Ⓓ klicken Sie damit in das Dokument.

Ⓔ Aktivieren Sie die `Kette`, um die `Proportionen` zu erhalten, setzen Sie die Breite auf `14 mm` und klicken auf `OK`.

● Um den kleinen Kreis aus dem Großen zu erstellen, rufen Sie `Objekt > Transformieren > Skalieren ...` auf.

◀ Ⓕ Bei `Gleichmässig` geben Sie `10 %` ein.

Ⓖ Nutzen Sie die Möglichkeit der `Vorschau`.

Ⓗ Zum Ausführen klicken Sie auf `Kopieren`.

● Die Kreisposition ändern Sie mit `Objekt > Transformieren > Verschieben ....`

◀ Ⓘ für die Position geben Sie bei `Vertikal` den Wert `13 mm` ein und ...

Ⓙ klicken zur Bestätigung auf `OK`.

Den großen Kreis kopieren Sie im nächsten Schritt, um ihn später noch zu nutzen.

02. Großen Kreis kopieren
◀ Ⓚ Wählen Sie den großen Kreis und benutzen die Tasten `[cmd][C]` und `[cmd][F]`.

Ⓛ Geben Sie dem neuen Objekt den Namen `gr.Kreis` und die Flächenfarbe `Gelb`.

Ⓜ Um den neuen Kreis zu verbergen, klicken Sie im `Fenster > Ebenen` auf das `Auge`.

Den Marker erstellen Sie mit der Funktion ›Angleichen‹. Obwohl `Fontself` das Angleichen von Objekten akzeptiert, entstehen dadurch zu viele Punkte und so müssen Sie den Marker ▷vereinfachen.

03. Kreise zu Objekt verbinden
● Rufen Sie den Menübefehl `Objekt > Angleichen > Angleichung-Optionen` auf.

◀ Ⓝ Wählen Sie `Festgelegte Stufen` aus, tragen den Wert `200` ein und klicken auf `OK`.

● Mit den aktivierten roten Kreisen rufen Sie `Objekt > Angleichen > Erstellen` auf.

● Zum Umwandeln in Pfade rufen Sie den Menübefehl `Objekt > Umwandeln` auf.

◀ Ⓞ Wählen Sie `Objekt` an und `Fläche` ab.

Ⓟ Bestätigen Sie dies mit Klick auf `OK`.

Ⓟ Rufen Sie `Fenster > Pathfinder` auf.

◀ Ⓠ Um die vielen entstanden Zwischenformen zu vereinen, klicken Sie auf `Vereinen`.

◀ Ⓡ Wählen Sie das neue Objekt `<Pfad>` aus.

● Rufen Sie den Menübefehl `Objekt > Pfad > Vereinfachen...` aus.

Ⓢ Um die Details der `Vereinfachung` zu sehen, klicken Sie auf die `Pünktchen`.

Ⓣ Die Form des Markers erhalten Sie mit dem Wert `100 %` für `Kurve`.

Ⓤ Für die Reduktion der Punkte setzen Sie den `Schwellenwert` auf `175°`.

Ⓥ Um die Vereinfachung von `406` auf `7 pt` zu bestätigen, klicken Sie auf `OK`.

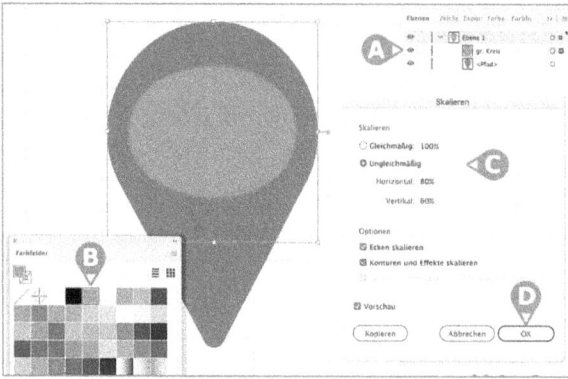

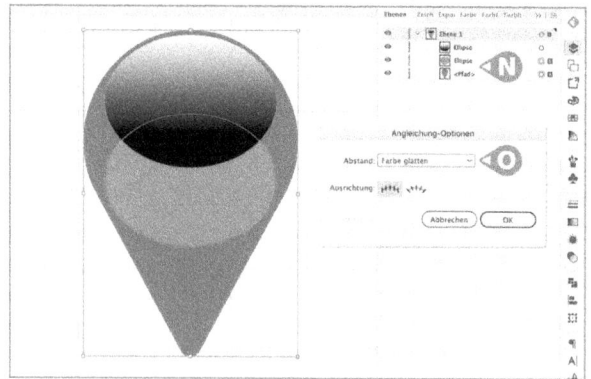

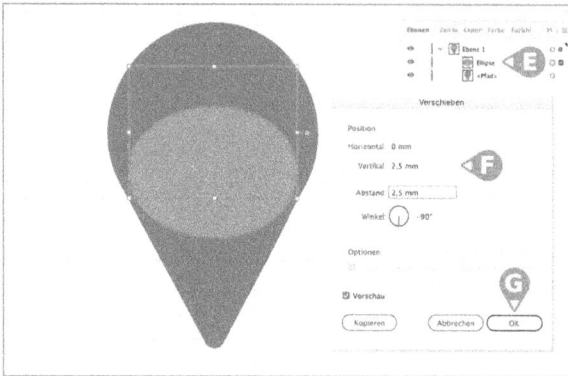

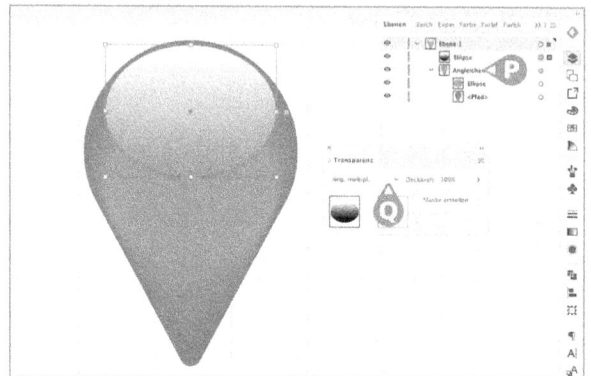

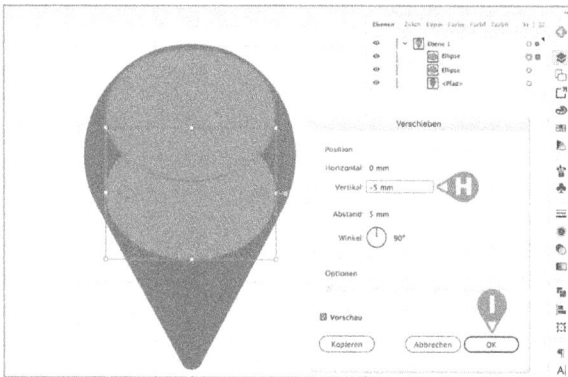

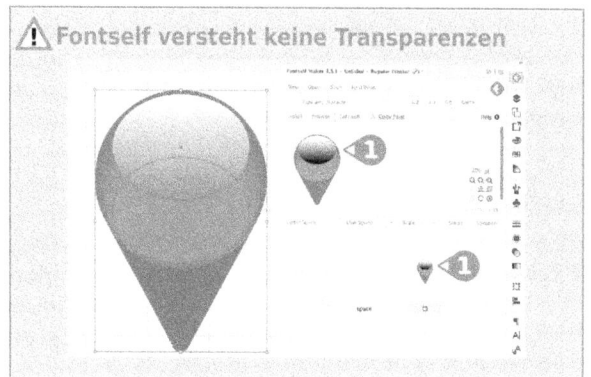

⚠️ **Fontself versteht keine Transparenzen**

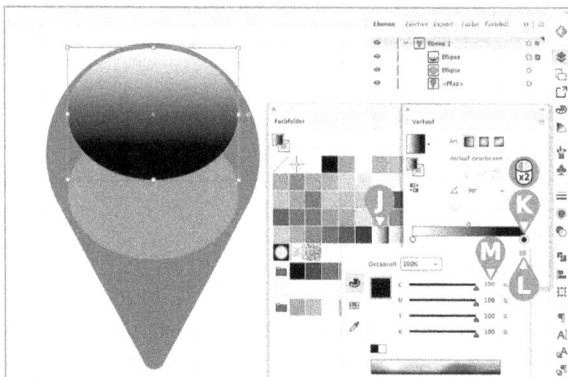

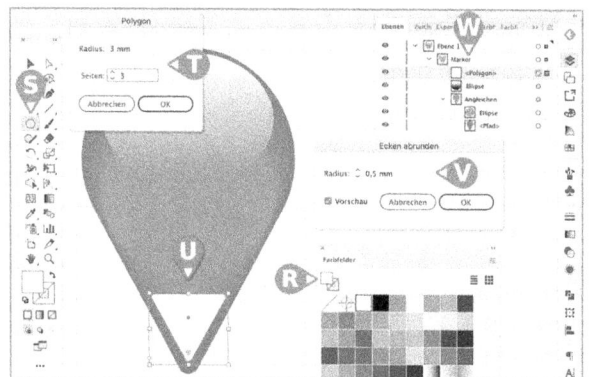

Nachdem der Marker erstellt ist, werden Sie den Glaseffekt mit zwei Ellipsen erstellen. Die untere Ellipse sorgt für einen schattigen Farbverlauf zwischen zwei Rottönen und die obere Ellipse für das Glanzlicht.

04. Die untere Ellipse erstellen

◀ (A) Machen Sie den gelben Kreis sichtbar …

(B) und weisen Sie dem Kreis ein helleres Rot als Flächenfarbe zu.

● Damit er kleiner wird, rufen Sie Objekt > Transformieren > Skalieren auf.

(C) Geben Sie bei Ungleichmässig die Werte Horizontal 80 % und Vertikal 60 % ein.

(D) Bestätigen Sie die Skalierung mit OK.

◀ (E) Benennen Sie gr.Kreis in Ellipse um.

● Um die Ellipse nach unten zu schieben, rufen Sie Objekt > Transformieren > Verschieben… auf.

(F) Setzen Sie für Vertikal 2,5 mm ein …

(G) und bestätigen Sie mit OK.

05. Die obere Ellipse erstellen

● Machen Sie von der hellroten Ellipse mit [cmd][C] und [cmd][F] eine Kopie.

● Um die Ellipse nach oben zu schieben, rufen Sie Objekt > Transformieren > Verschieben… auf.

◀ (H) Setzen Sie für Vertikal -5,0 mm ein …

(I) und bestätigen Sie mit OK.

◀ (J) Weisen Sie der neuen Ellipse in Fenster > Farbfelder den Schwarz-Weißen-Verlauf zu.

(K) Im Fenster > Verlauf machen Sie einen Doppelklick auf das Schwarz.

(L) Um den Farbmodus einzustellen, öffnen Sie das ▷Flyout-Menü und wählen CMYK.

(M) Für ein ▷maximales Schwarz stellen Sie alle vier Werte auf 100 %.

Den Schatten in der unteren Hälfte des Markers erstellen Sie durch eine Farbangleichung zwischen zwei (roten) Farbtönen. Den Glanzlichteffekt werden Sie durch eine Transparenz erzeugt, der auf den Marker wirkt.

06. Der Farbverlauf von Rot nach Rot

◀ (N) Aktivieren Sie rote Ellipse und <Pfad>.

● Für den Farbverlauf zwischen den beiden roten Kreisen rufen Sie Objekt > Angleichen > Angleichung-Optionen auf.

(O) Wählen Sie die Option Farbe glätten aus und klicken auf OK.

● Rufen Sie Objekt > Angleichen > Erstellen auf.

07. Der Glanzlicht-Effekt

◀ (P) Aktivieren Sie die Ellipse mit Verlauf.

(Q) Um von Rot zu einem ›Glanzlicht‹ zu kommen, wählen Sie im Fenster > Transparenz die Option Neg. multipl. aus.

◀ ⚠ Der so erstellte Marker wird in Fontself anders erscheinen als erwartet, da dort

(1) Transparenzen nicht verstanden werden.

08. Weißes Dreieck und der Marker als Gruppe

◀ (R) Mit weißer Flächenfarbe (ohne Kontur)…

(S) und mit dem Polygon-Werkzeug …

(T) klicken Sie auf den Marker, geben als Radius 3 mm, dann 3 für Seiten an und bestätigen mit OK.

(U) Drehen Sie es um 180° und platzieren Sie es in der Spitze des Markers.

(V) Verändern Sie mit Effekt > Stilisierungsfilter > Ecken abrunden… den Eckenradius auf 0,5 mm.

(W) Gruppieren Sie alle Objekte, benenne diese Gruppe im Fenster > Ebenen als Marker.

(X) Speichern Sie die Datei als Marker.ai.

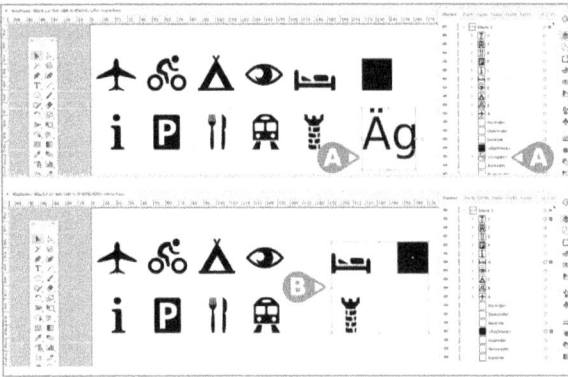

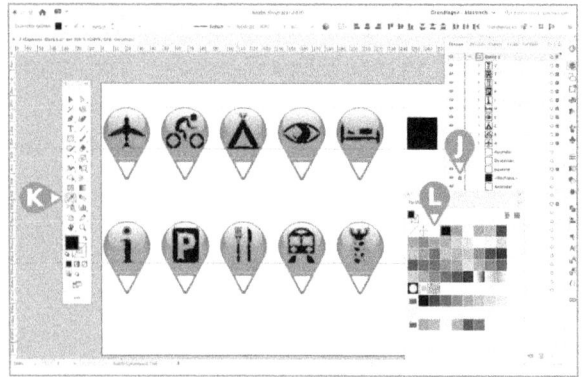

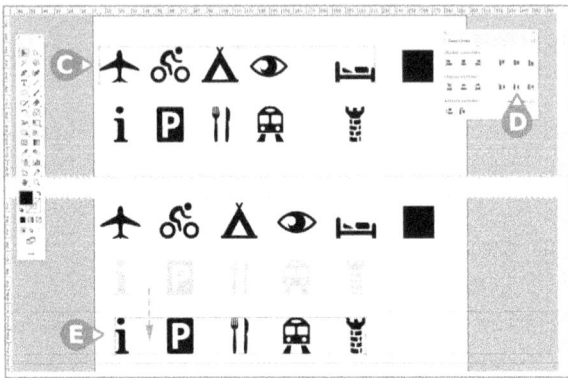

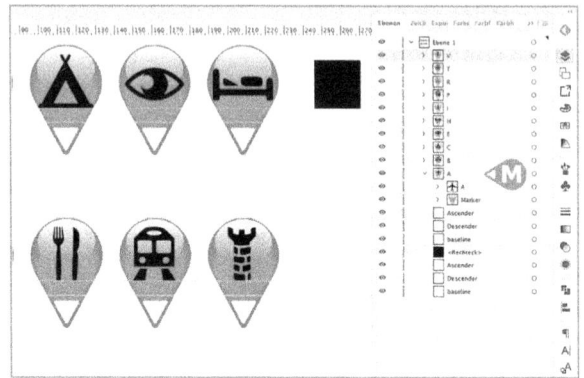

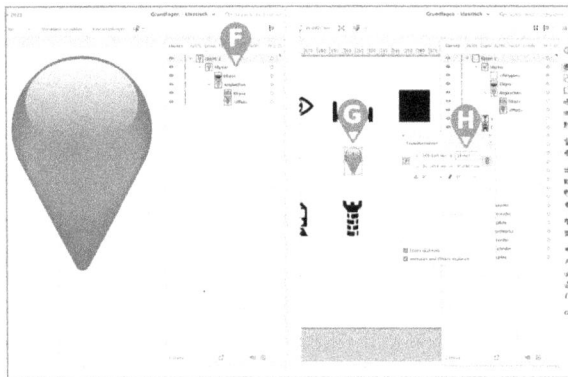

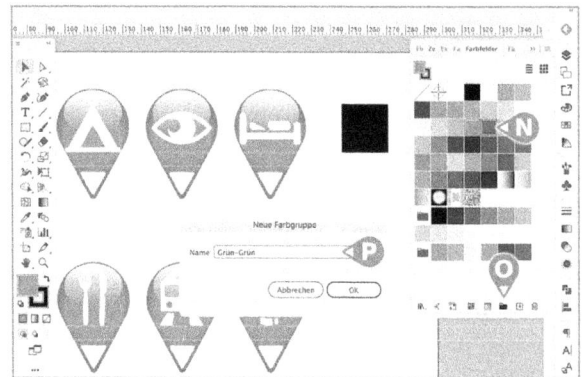

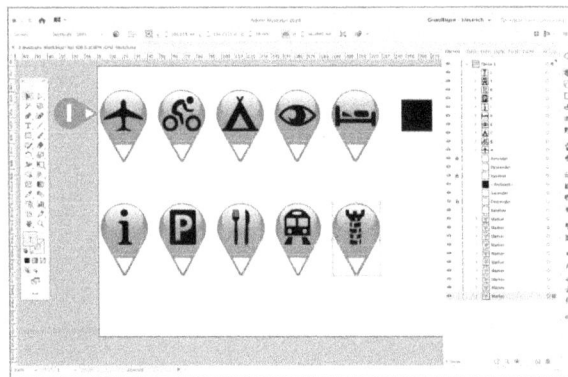

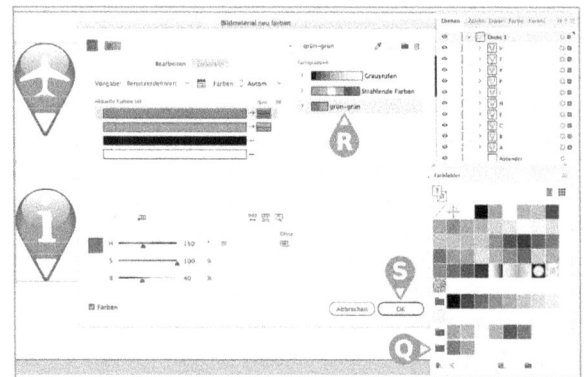

Bevor Sie die Marker unter die Map-Icons legen, müsse Sie etwas Platz schaffen.

09. Map-Icons für mehr Platz verschieben

⬤ Öffnen Sie die Datei `Map-Icons-Black.ai`.

◀Ⓐ Löschen Sie die Gruppe ›Äg‹ mit dem Menübefehl `Bearbeiten > Löschen`.

Ⓑ Wählen Sie die Map-Icons `Hotel_alt`, `Quadrat` und `Viewtower` aus und verschieben Sie die drei nach rechts.

◀Ⓒ Wählen Sie die fünf oberen Map-Icons aus.

Ⓓ Um die Abstände zwischen den fünf zu vergrößern, klicken Sie im `Fenster > Ausrichten` auf `Horizontal zentriert verteilen`.

Ⓔ Wiederholen Sie dies mit den fünf Map-Icons in der zweiten Reihe und verschieben Sie diese mit den Hilfslinien nach unten.

10. Den Marker unter die Map-Icons schieben

◀Ⓕ In der Datei `Marker.ai` wählen Sie die Gruppe `Marker` aus und nehmen diese mit `[cmd][C]` in die Zwischenablage.

Ⓖ Zurück in der Datei `Map-Icons-Black.ai` setzen Sie den Marker mit `[cmd][V]` ein.

Ⓗ Um seine Größe zu ändern, rufen Sie `Fenster > Transformieren`, aktivieren die `Kette` und geben als Breite `38 mm` ein.

⬤ Damit der Marker unter die Map-Icons kommt, rufen Sie `Objekt > Anordnen > In den Hintergrund` auf.

◀Ⓘ Verschieben Sie den Marker unter das erste Map-Icon, oben an die Hilfslinie `Ascender` ausgerichtet und unter dem Icon zentriert.

⬤ Mit `[cmd][C]` und `[cmd][B]` kopieren Sie den Marker und verschieben ihn wie in Schritt I unter das nächste Map-Icon; bis alle zehn Map-Icons einen Marker haben.

Die Farbe aller Map-Icons können Sie in einem Schritt ändern. Danach fassen Sie die MapIcons und Marker jeweils zu Gruppen zusammen.

11. Farbe für alle Map-Icons gleichzeitig ändern

⬤ Schützen Sie das `70 %-Quadrat` mit dem `Schloss` vor Veränderung.

◀Ⓚ Wählen Sie mit der `Pipette` das Schwarz aus einem Map-Icons aus.

⬤ Rufen Sie den Menübefehl `Auswahl > Gleich > Flächenfarbe` auf.

Ⓛ Klicken Sie in `Fenster > Farbfelder` für die Flächenfarbe auf `Weiß`.

⬤ Heben Sie den Schutz des 70 %-Quadrats auf.

12. Map-Icons und roten Marker als Gruppe

◀Ⓜ Gruppieren Sie je ein Map-Icon und einen Marker und benennen Sie die neue Gruppe mit dem Buchstaben des Map-Icons.

Rot? Die Marker sollten grün sein! Keine Panik. Sie können die Farbe der Marker schnell ändern, solange sie noch nicht umgewandelt sind.

13. Farbe der Marker ändern

◀Ⓝ Um den Farbwechsel vorzubereiten, klicken Sie im `Fenster > Farbfelder` mit gedrückter `[cmd]`-Taste zuerst auf das dunkle und dann auf das helle Grün.

Ⓞ Um diese Auswahl in einer Farbgruppe abzulegen, klicken Sie auf den kleinen Ordner.

Ⓟ Geben Sie der Farbgruppe den Namen `Grün-Grün`.

⬤ Wählen Sie alle zehn Symbole aus und rufen Sie `Bearbeiten > Farben bearbeiten > Bildmaterial neu färben…` auf.

◀Ⓠ ⚠ Achten Sie auf die Reihenfolge der Farbtöne: links der Dunkle, rechts der Helle.

Ⓡ Klicken Sie die Farbgruppe `Grün-Grün` an.

Ⓢ Bestätigen Sie die Änderung mit `OK`.

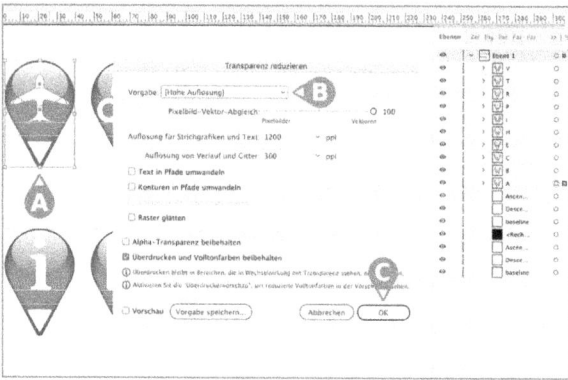

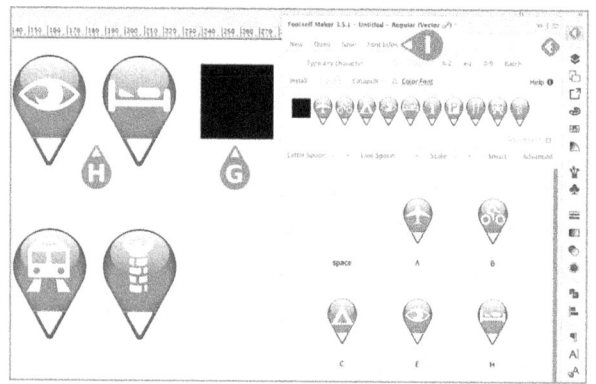

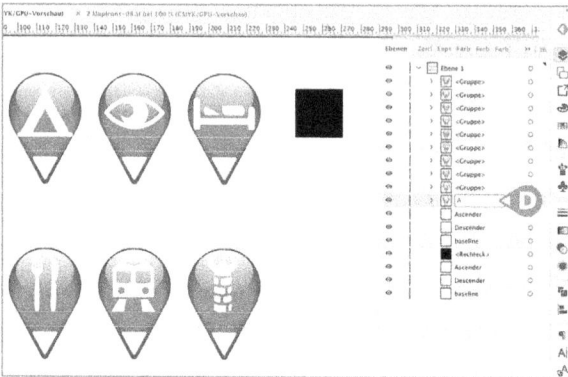

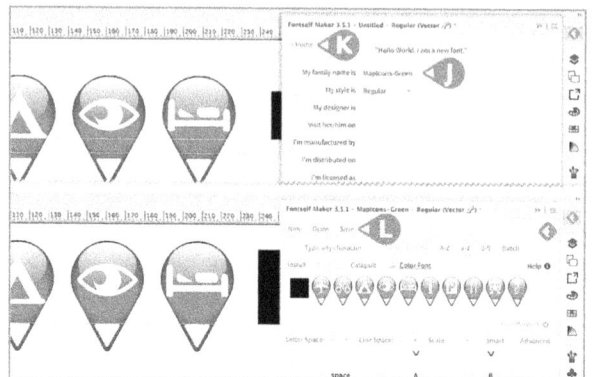

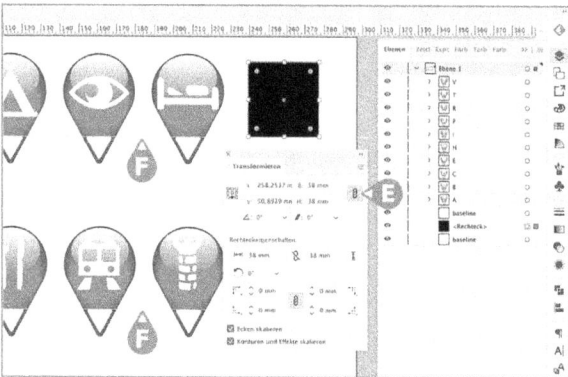

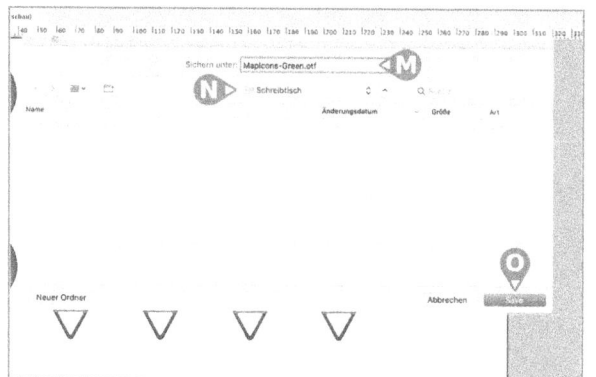

👍 Das Ergebnis in verschiedenen Farben

Speichern Sie das Dokument mit `Datei > Kopie speichern…` unter dem Namen `Map-Icons-Green.ai`. Damit Sie später die Farben der Marker zum Beispiel in Blau ändern können.

⚠ Denn nach Schritt 14 können Sie die Farben nicht mehr wechseln!

Als Nächstes werden Sie die Transparenzen der Marker reduzieren.

14. Die Transparenz reduzieren

◀Ⓐ Mit einem aktiven Symbol rufen `Objekt > Transparenz reduzieren…` auf.

Ⓑ Wählen Sie, um ein optimales Erscheinungsbild zu bekommen, `Hohe Auflösung` für die `Vorgaben` und …

Ⓒ bestätigen die Änderung mit `OK`.

Ⓓ Wiederholen Sie Schritt 14-A nacheinander für die anderen neun Symbole.

◀Ⓓ Leider entstehen durch Schritt 14-A neue Gruppen, sodass Sie den Gruppen im `Fenster > Ebenen` wieder die Namen A, B, C, E und so weiter geben müssen.

Da die Map-Icons mit Marker deutlich größer sind als die Map-Icons alleine, skalieren Sie das Quadrat und verschieben die Baseline.

15. Anpassungen für Font-Erstellung

◀Ⓔ Wählen Sie das `70 %-Quadrat` aus, rufen `Fenster > Transformieren` auf und geben den Wert `38 mm` für Höhe und Breite ein.

Ⓕ Löschen Sie die vier Hilfslinien `Ascender` und `Descender`. Verschieben Sie jeweils `Baseline`, so dass sie den oberen Rand des weißen Dreiecks berührt. Setzen Sie das `70 %-Quadrat` auf die obere `Baseline`.

Jetzt können Sie aus den zehn Symbolen ihren ersten farbigen Zeichensatz (Color Font) erstellen.

16. Den Zeichensatz erstellen und speichern

◀Ⓖ Ziehen Sie `70 %-Quadrat` und `Baseline` gemeinsam in das Fenster `Fontself`.

Ⓗ Dann ziehen Sie die fünf oberen Symbole mit der Hilfslinie `Baseline` nach Fontself. Wiederholen Sie dies mit den fünf unteren Symbolen.

Ⓘ Um dem Zeichensatz einen Namen zu geben, klicken Sie auf `Font Infos`.

◀Ⓙ Tragen Sie einen Namen wie `Map-Icons-Green` ein und …

Ⓚ kehren Sie mit Klick auf `Home` zurück.

Ⓛ Um den Zeichensatz zu speichern, klicken Sie auf `Save`.

◀Ⓜ Lassen Sie den Namen unverändert.

Ⓝ Wählen Sie als Speicherort den `Schreibtisch` aus.

Ⓞ Bestätigen Sie die Eingaben mit Klick auf `Save`.

Wie Sie den Zeichensatz für Ihr Betriebssystem installieren, erfahren Sie im Anhang B.

Herzlichen Glückwunsch

👍 Sie haben Ihren ersten farbigen Zeichensatz erstellt und gespeichert. Links sehen Sie schwarze und weiße Map-Icons auf verschieden farbigen Markern. Die Farbwechsel wurden in Schritt 13 vorgenommen.

Im nächsten Projekt geht es um das Flaggenalphabet, das in der Schifffahrt benutzt wird. Dies wird ein weiterer farbiger Zeichensatz.

ZIEL

Objekte in Illustrator

Ebenen Zeichenflä Export vor Farbe Farbhilfe

- Ebene 1
  - 3. Rechteck
  - 2. Rechteck
  - 1. Rechteck

① ② ③

Zusammengesetze Objekte
Darstellung als Ebenen zur Verdeutlichung   Ergebnis

④ ⬡ falsch   ⬡ richtig

⑤ Kontur / Fläche   ⬡ falsch   ⬡ richtig

⑥ ▢ + ◪ = ◪ ▢ »Flächen aufteilen«   ◆ Ergebnis

Auftrag 03:
Buchstaben durch Signalflaggen darstellen

Als Gabi, die Neue für die anderen, ihre Lösung für die Symbole in der Informationsbroschüre vorstellt, wird sie gelobt. Dann übergibt ihr Monika, die den Chef vertritt, den Auftrag Tischkärtchen zu erstellen, auf denen jeweils der Vorname in Buchstaben und darüber im Flaggenalphabet dargestellt wird.

Gabi liest im Web auf Wikipedia nach, dass das Flaggenalphabet in der Schifffahrt zur optischen Übermittlung von Nachrichten verwendet wird. Für jeden Buchstaben von A bis Z gibt es eine Flagge, wie für die Ziffern 0 bis 9.

Gabi überlegt: Wenn sie die Namen im Layoutprogramm tippen würde, müsste sie die dazugehörigen Bilder manuell hinzufügen. Da könnten leicht peinliche Fehler passieren, dass Buchstabe und Flagge nicht zusammenpassen.

Mit einer vagen Idee geht sie zu Klaus und fragt: »Kann ich mit farbigen Symbolen einen Zeichensatz erstellen und den lateinischen Buchstaben als Untertitel unter die Flagge setzen? Dann bräuchte ich nur ›KLAUS‹ zu tippen und die Flaggen plus Buchstaben erscheinen.«

»Ja, das ist möglich. An deiner Stelle würde ich die Flaggen *mit* Untertiteln den Großbuchstaben ›A‹ bis ›Z‹ und *ohne* Untertiteln den Kleinbuchstaben ›a‹ bis ›z‹ zuweisen. So hast Du beide Varianten in einem Zeichensatz.«

»Prima. Muss ich noch etwas beim Erstellen eines farbigen Zeichensatzes beachten?«

»Um für die Zukunft gerüstet zu sein, solltest du die Flaggen gut getrennt aufbauen. Dann kannst du später deinen Zeichensatz leicht in eine einfarbige Version umwandeln.«

»Gut getrennt?«, fragt Gabi. Klaus erklärt:

»Wie du weißt, besteht ein Objekt im Illustrator aus Kontur und Fläche, die jeweils sichtbar oder unsichtbar sein können, also

1. farbige Kontur und ungefüllte Fläche,
2. unsichtbare Kontur und gefüllte Fläche,
3. farbige Kontur und gefüllte Fläche.
4. Bei der Flagge ›I‹ liegt ein schwarzer Kreis auf gelbem Grund. Die gelbe Fläche muss eine Aussparung für den Kreis haben. Wenn Du alle Flächen der Flaggen so trennst, hast du es später viel einfacher.
5. Die Kontur der Flagge sollte das oberste Objekt sein und keine Füllung besitzen.
6. Zum Zerlegen von zwei Flächen, die übereinander liegen, benutzt du das Path-Werkzeug ›Flächen aufteilen‹.«

Mit diesen Informationen von Klaus kann es Gabi kaum erwarten die Aufgabe anzugehen.

So erstellen Sie einen eigenen Font:

01. Download der Flaggensymbole
02. Erstellen eines neuen Dokuments
03. Anpassen und Kopieren einer Flagge
04. Einfügen und Optimieren einer Flagge
05. Löschen der Untertitel vorbereiten
06. Größenanpassung vorbereiten
07. Die Version ohne Untertitel erstellen
08. Den ›Flaggen ohne‹ die Namen a – z geben
09. Den ›Flaggen mit‹ die Namen A – Z geben
10. Die Flaggen zu einem Zeichensatz machen
11. Abstände der Flaggen vergrössern
12. Speichern des AI-Dokuments

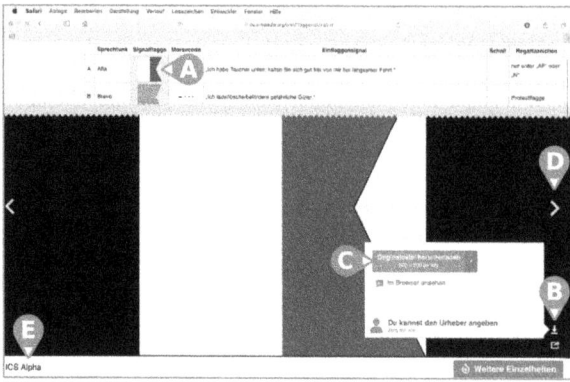

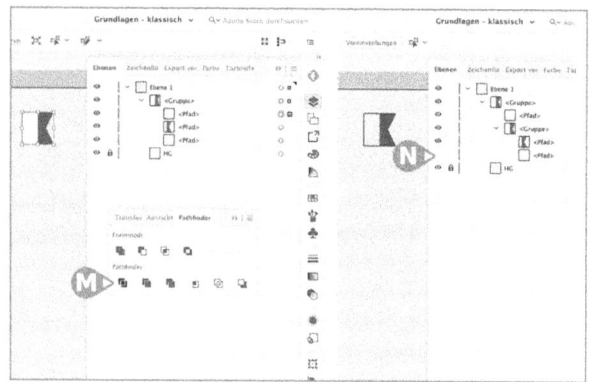

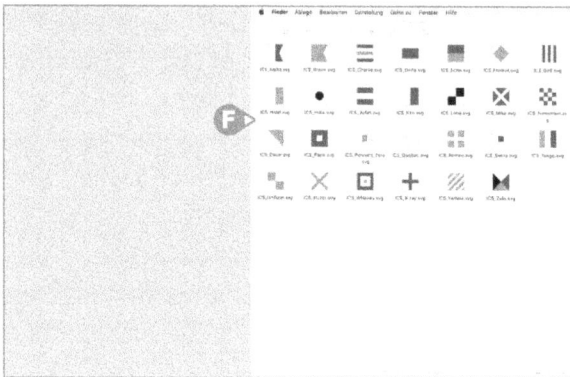

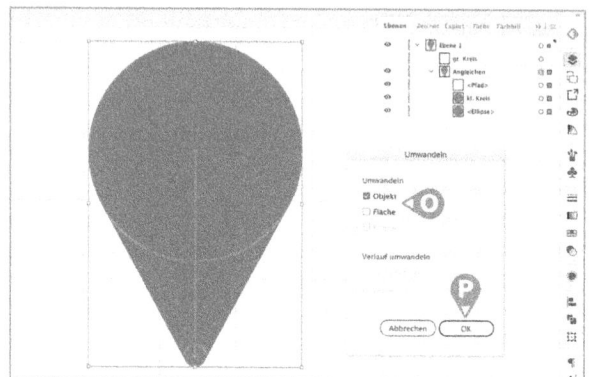

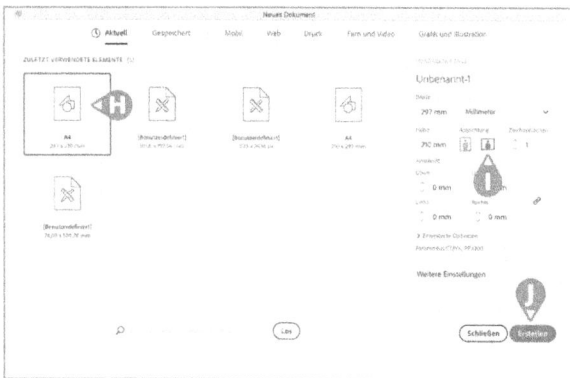

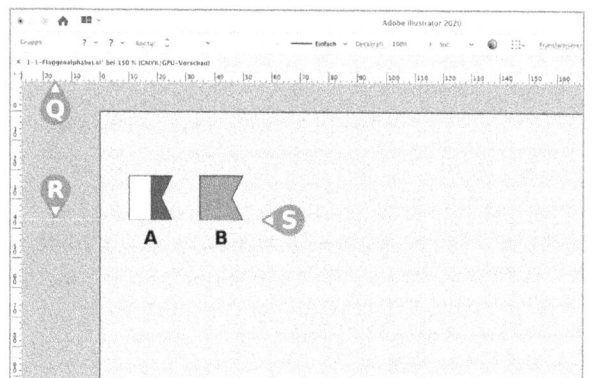

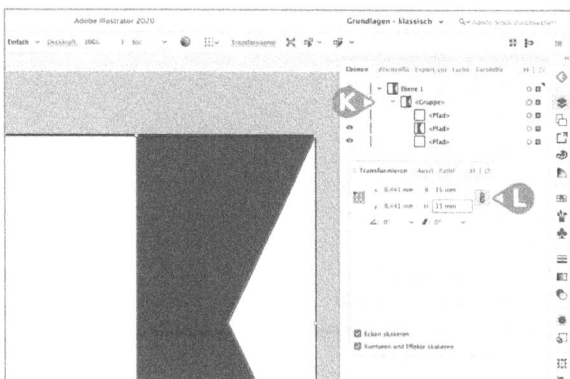

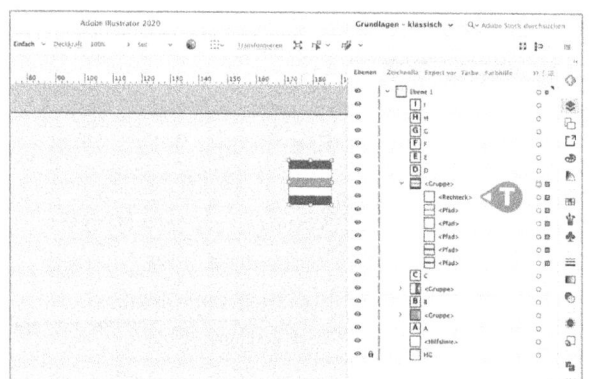

Projekt 03:
Wie Sie das Flaggenalphabet als farbigen Font erstellen

⌛ ⌛ ⌛

👣 Aus den Flaggen, die Sie bei `wikipedia.de` finden können und die ohne ▷Copyright Ⓒ einfach frei benutzt werden dürfen, werden Sie einen farbigen Zeichensatz (Color Font) erstellen. Mit den Tasten ›A‹ bis ›Z‹ werden Sie die Flaggen mit Untertitel und mit ›a‹ bis ›z‹ die Flaggen ohne Untertitel belegen.

01. Download der Flaggensymbole

🔴 Rufen Sie in Ihrem Webbrowser die Seite 🌐 `https://de.wikipedia.org/wiki/Flaggenalphabet` auf und gehen Sie zum Punkt 2 `Signaltabelle`.

◀Ⓐ Klicken Sie auf das Flaggensymbol.

Ⓑ Dann klicken Sie rechts unten auf das `Download-Symbol` und ...

Ⓒ laden die `Originaldatei svg` herunter.

Ⓓ Zur nächsten Flagge kommen Sie mit dem `Pfeil nach rechts` und ...

Ⓔ wiederholen Sie die Punkte B – D bis zur Flagge `ICS Zulu`.

◀Ⓕ In Ihrem Ordner `Download` liegen nun die 26 Flaggen.

Ⓖ (Schritt vom Autor entfernt.)

02. Erstellen eines neuen Dokuments

◀Ⓗ Erstellen Sie ein neues Dokument `A4`,

Ⓘ im `Querformat` und

Ⓙ klicken Sie auf `Erstellen`.

🔴 Erstellen Sie ein `Rechteck` mit hellgrauer Farbe, das das ganz Dokument bedeckt, und sperren Sie es mit dem `Schloss`.

Im Folgenden wird der Weg für die erste Flagge beschrieben, der dann für alle anderen gilt.

03. Anpassen und Kopieren einer Flagge

🔴 Öffnen Sie eine Flagge und wählen alle Element aus.

◀Ⓚ Erstellen Sie eine Gruppe mit dem Menübefehl `Objekt > Gruppieren`.

Ⓛ Verkleinern Sie die Gruppe `proportional` (`Kette` aktiviert) auf `15 x 15 mm`.

🔴 Kopieren Sie die Flagge mit der Tastenkombination `[cmd][C]` in die Zwischenablage und schließen Sie das Dokument mit `[cmd][W]`.

04. Einfügen und Optimieren einer Flagge

🔴 Mit `[cmd][V]` fügen Sie die Flagge über den hellgrauen Hintergrund ein.

🔴 Wählen Sie nur die mit Farbe gefüllten Elemente der Gruppe aus (keine Kontur).

◀Ⓜ Klicken Sie im `Pathfinder` auf die Schaltfläche `Flächen aufteilen`.

Ⓝ Mit dem `Auge` (sichtbar/unsichtbar) kontrollieren Sie, ob die Farbflächen voneinander getrennt sind. Löschen Sie überflüssige Elemente.

◀Ⓞ Mit dem `Textwerkzeug` schreiben Sie unter die Flagge den Buchstaben ...

Ⓟ in der Schrift `DejaVu Sans Bold 18Pt`.

🔴 Zentrieren Sie den Buchstaben unter der Flagge.

◀Ⓠ Rufen Sie das Menü `Ansicht > Lineale > Lineale einblenden` auf.

Ⓡ Ziehen Sie eine `Hilfslinie` nach unten.

Ⓢ Richten Sie die Unterkanten der Flaggen exakt auf der Hilfslinie aus.

◀Ⓣ Für die quadratischen Flaggen C bis Z erstellen Sie ein `Rechteck` ohne Füllung mit `15 x 15 mm` und einem schwarzen Rand von `0,5 pt`. Dann legen Sie es als oberstes Element in die `Gruppe`, aus der die Flagge besteht.

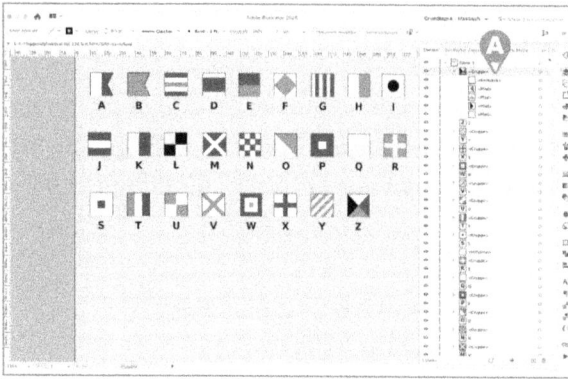

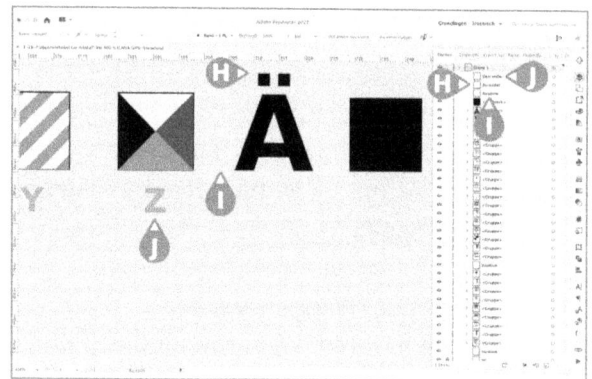

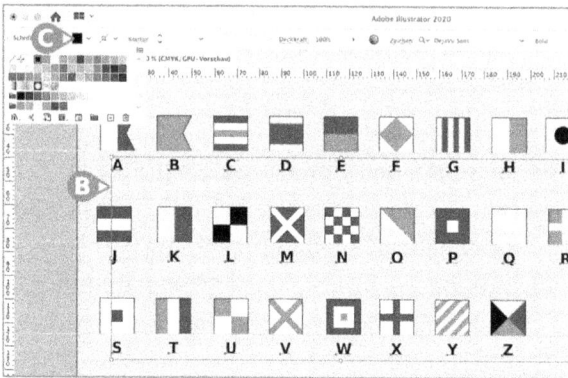

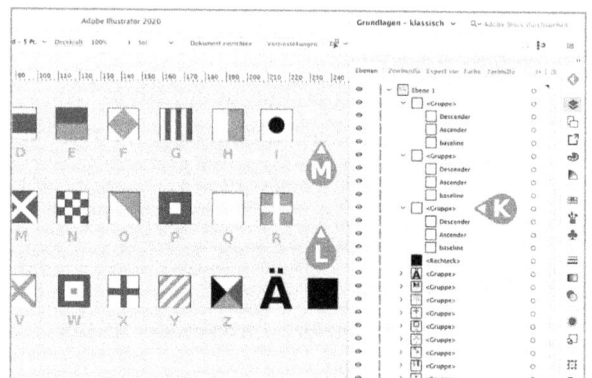

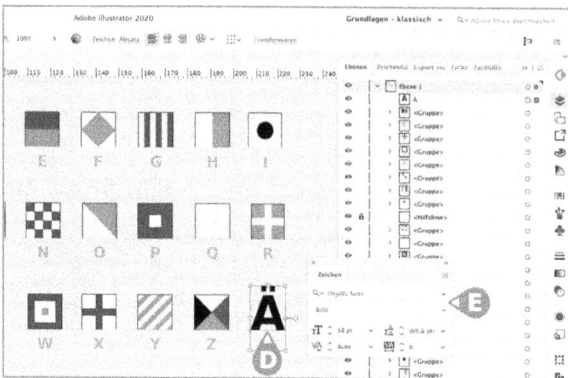

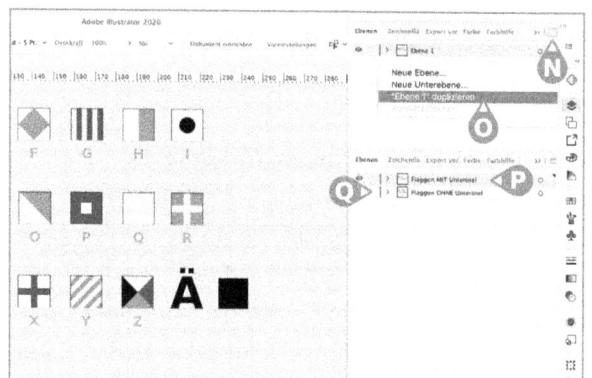

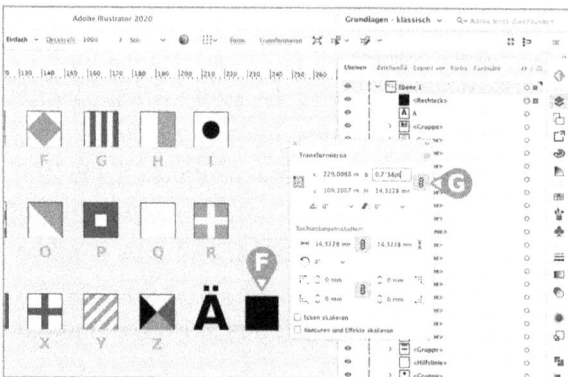

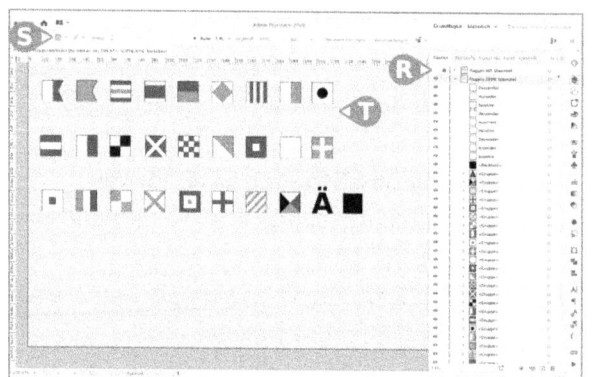

(A) Jede Flagge (C bis Z) besteht nun aus einer Gruppe mit einem schwarzen Rechteck und getrennten farbigen Flächen.

(☠) Da ›Zerstören‹ leichter als ›Erschaffen‹ ist, geben Sie allen Untertiteln vorübergehend die bisher nicht verwendete Farbe `Grün`. Alles was grün ist, kann dann später schnell ausgewählt und leicht gelöscht werden.
Die Buchstaben ›A‹ bis ›Z‹ müssen, um im neuen Zeichensatz verwendet werden zu können, in Pfade umgewandelt werden.

05. Löschen der Untertitel vorbereiten

(B) Wählen Sie alle Buchstaben A bis Z aus ...

(●) Wandeln Sie alle Buchstaben mit `Schrift >In Pfade umwandeln` um.

(C) und ändern Sie die Flächenfarbe in `Grün`.

06. Größenanpassung vorbereiten

(D) Schreiben Sie den Buchstaben Ä ...

(E) mit der Schrift `DejaVu Sans Bold 58 pt`.

(●) Wandeln Sie den Buchstaben mit `Schrift > In Pfade umwandeln` um.

Wie beim ersten Projekt benötigen Sie wieder für die richtige Größe der Flaggensymbole im neuen Zeichensatz das 70 %-Quadrat und die drei Hilfslinien Ascender, Baseline und Descender für jede Zeile der Flaggen. Der Untertitel muss zwischen Baseline und Descender stehen.

(F) Erstellen Sie ein schwarzes Quadrat.

(G) mit Breite und Höhe von `0,7*58 pt`.

(H) Ziehen Sie eine neue `Hilfslinie` mit etwas Abstand unter den Buchstaben Z und nennen Sie diese in `Descender` um.

(I) Ziehen Sie eine weitere `Hilfslinie` als `Ascender` herunter, sodass diese die obere Kante der Pünktchen von Ä berührt.

(J) Die Hilfslinie, auf der Flaggen bereits stehen, nennen Sie `Baseline`.

(K) Um aus den drei Hilfslinien eine Gruppe zu machen, wählen Sie diese aus und rufen das Menü `Objekt > Gruppieren` auf.

(L) Kopieren und fügen Sie die Gruppe mit `[cmd][C]` und `[cmd][F]` an gleicher Stelle ein. Dann verschieben Sie die neue Gruppe so, dass die Baseline die Flaggen der Zeile darüber trifft.

(M) Wiederholen Sie Punkt L für die dritte Flaggenreihe.

(●) Löschen Sie die zwei Objekte `<Hilfslinie>`.

(●) Heben Sie die Gruppierungen der drei Gruppen bestehend aus `Ascender`, `Baseline` und `Descender` wieder auf.

Um die Version ohne Untertitel zu erstellen, duplizieren Sie alle bereits erstellen Elemente, die sich in `Ebene 1` befinden. Danach können Sie die Untertitel in der neuen Ebene über die Farbe Grün leicht löschen.

07. Die Version ohne Untertitel erstellen

(N) Klicken Sie im Fenster `Ebenen` auf das Fly-out-Menü und ...

(O) rufen `"Ebene 1" duplizieren` auf.

(P) Benennen Sie die obere Ebene in `Flaggen MIT Untertitel` um.

(Q) Die untere Ebene nennen Sie `Flaggen OHNE Untertitel`.

(R) Mit dem `Schloss` sperren Sie die Ebene `Flaggen MIT …` und machen Sie diese mit `Auge` unsichtbar.

(S) Wählen Sie mit dem Werkzeug `Pipette` das Grün der Untertitel aus.

(●) Rufen Sie das Menü `Auswahl > Gleich > Flächenfarbe` aus und ...

(T) löschen Sie die Auswahl.

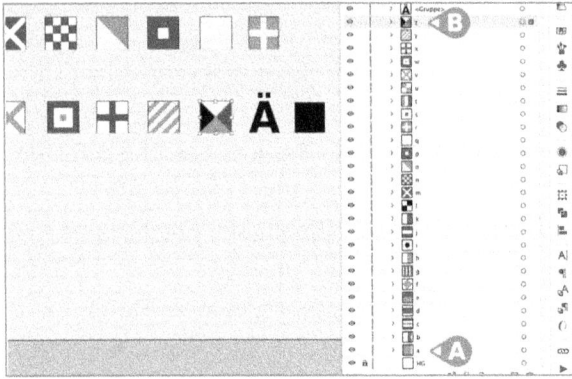

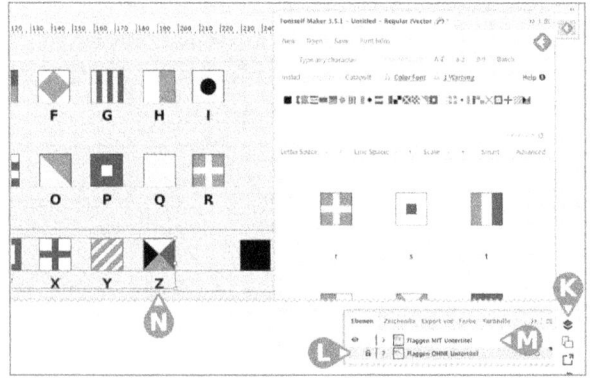

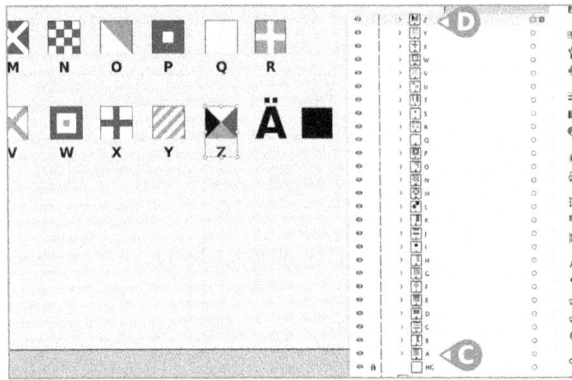

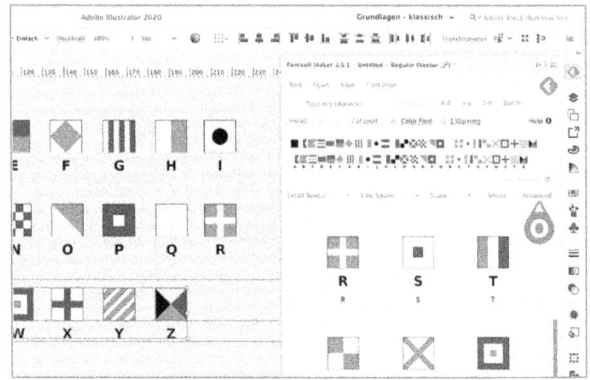

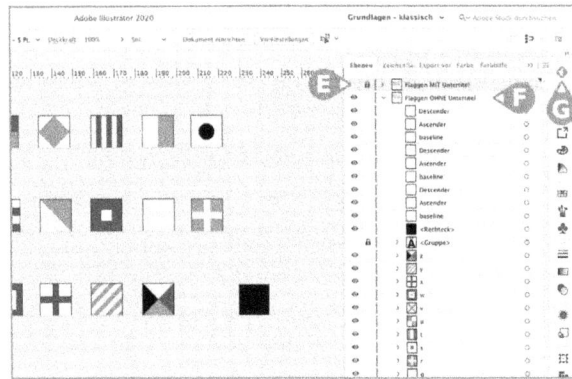

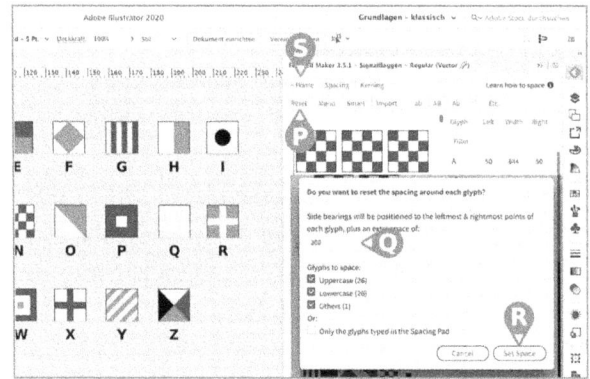

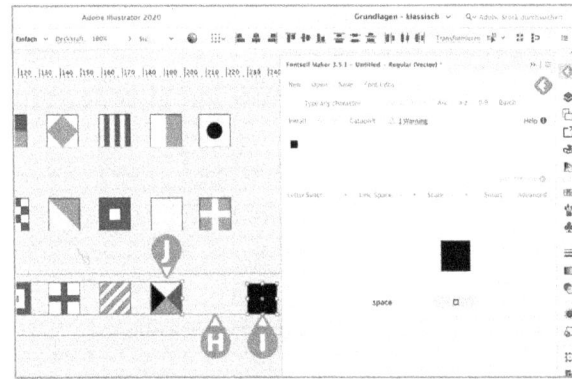

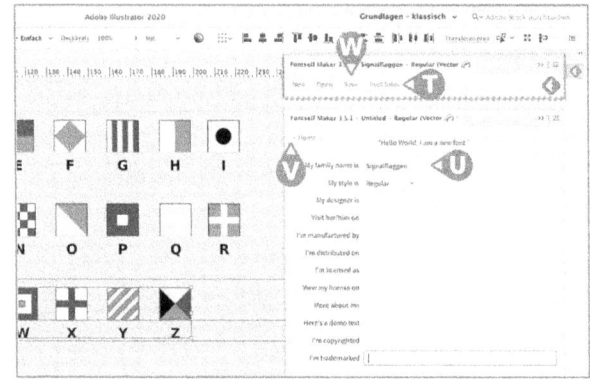

📷 Wenn die Objekte, die nach `Fontself` verschoben werden, bereits im Fesnter `Ebenen` einen Buchstaben als Namen haben, dann wird dieser als Zuordnung für die entsprechende Taste verwendet.

08. Den ›Flaggen ohne‹ die Namen a - z geben

◀ (A) Vergeben Sie für die unterste Flagge der Gruppe den Namen a. Der Gruppe darüber den Namen b und so weiter ...

(B) bis die oberste Gruppe der Flaggen den Buchstaben z bekommen hat.

(●) Sperren Sie die Ebene `Flaggen OHNE ...` und machen Sie diese mit dem Auge unsichtbar.

09. Den ›Flaggen mit‹ die Namen A - Z zuweisen

(●) Machen Sie die Ebene `Flaggen MIT ...` mit Klick auf das fehlende Auge wieder sichtbar und entsperren Sie diese Ebene.

◀ (C) Vergeben Sie für die unterste Flagge der Gruppe den Namen A. Der Gruppe darüber den Namen B und so weiter ...

(D) bis die oberste Gruppe der Flaggen den Buchstaben Z bekommen hat.

10. Die Flaggen zu einem Zeichensatz machen

◀ (E) Schließen Sie die Ebene `Flagge MIT ...`, sperren diese mit dem `Schloss` und machen diese unsichtbar.

(F) Die Ebene `Flagge OHNE ...` entsperren Sie und machen sie sichtbar.

(G) Rufen Sie das Symbol `Fontself` auf.

◀ (H) Wählen Sie die drei Hilfslinien aus sowie ...

(I) das Quadrat und ziehen Sie diese auf das Fenster `Fontself`. Dort lassen Sie dies im Bereich `Any character` fallen.

(J) Ziehen Sie alle Flaggen einer Zeile mit den drei Hilfslinien in das Fenster `Fontself`. Wiederholen Sie dies für alle drei Zeilen.

◀ (K) Wechseln Sie in die `Ebenen`.

(L) Machen Sie die Ebene `Flaggen OHNE ...` unsichtbar und sperren Sie diese.

(M) Entsperren Sie die andere Ebene und machen diese wieder sichtbar.

(N) Ziehen Sie alle Flaggen einer Zeile mit den drei Hilfslinien in das Fenster `Fontself`. Wiederholen Sie dies für alle drei Zeilen.

Nun liegen die 52 Flaggen im Zeichensatz.

11. Abstände der Flaggen vergrössern

Da die Symbole recht massig sind, sollte der Abstand vor und nach jedem Symbol größer sein als der Standardwert. Dies können Sie für alle Symbole auf einmal ändern.

◀ (O) Klicken Sie in Fontself auf `Advanced`.

◀ (P) Um die Abstände aller Symbol zu ändern, klicken Sie auf `Reset`.

(Q) Im folgenden Fenster ändern Sie den Wert von `50` auf `200`.

(R) Bestätigen Sie die Änderung mit Klick auf `Set Space`.

(S) Zurück kommen Sie mit `Home`.

Der Zeichensatz ist nun fertig und Sie können ihn auf den Schreibtisch speichern.

◀ (T) Um dem Zeichensatz einen Namen und andere Information (mit) zu geben, klicken Sie auf `Font Infos`.

(U) Im folgenden Fenster vergeben Sie einen Namen.

(V) Zurück kommen Sie mit `Home`.

(W) Zum Speichern des Zeichensatzes, klicken Sie auf `Save`.

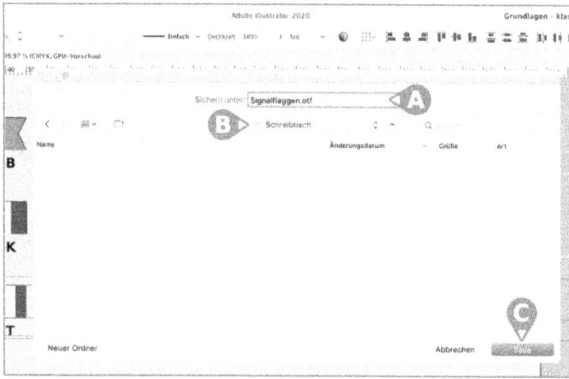

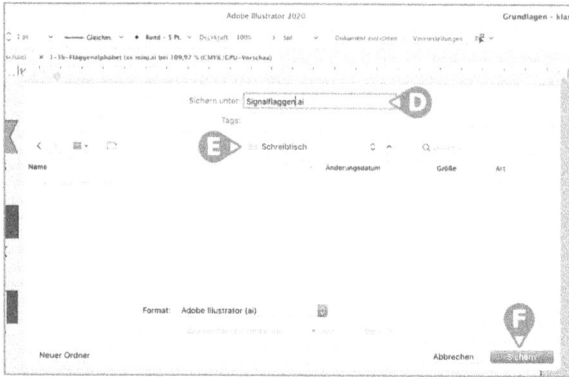

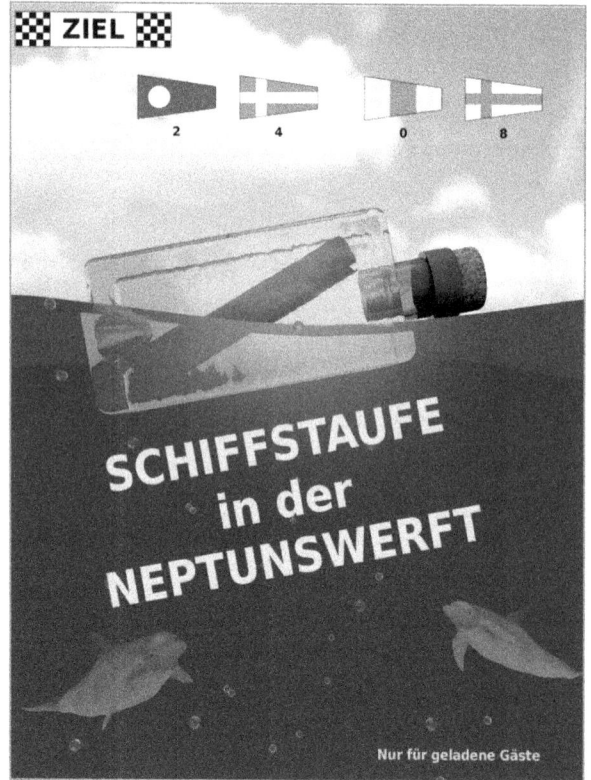

👍 Das Ergebnis in Adobe InDesign

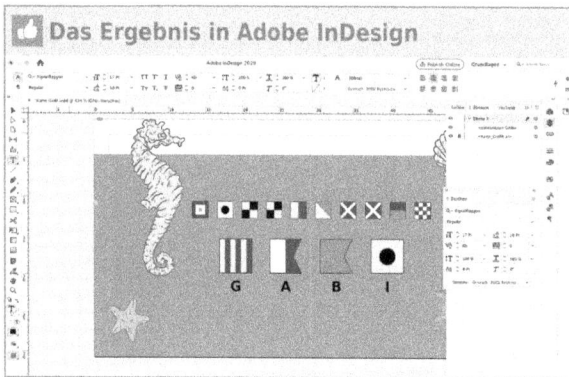

ℹ️ Illustrator- und Font-Datei

Ⓐ Im folgenden Fenster belassen Sie den Namen des Zeichensatzes.

Ⓑ Wählen Sie als Ziel den Schreibtisch.

Ⓒ Bestätigen Sie den Dialog mit Save.

Um später den Zeichensatz verändern zu können, benötigen Sie das erstellte Illustrator-Dokument. Speichern Sie es mit dem gleichen Namen und legen Sie diese Datei mit dem Zeichensatz in einem Ordner zusammen ab. So haben Sie für Änderungen schnell Zugriff auf beide Dateien.

⚠ Wenn Sie die Illustrator-Datei verlieren, dann ist es mühsam aus dem Zeichensatz wieder eine Illustrator-Datei zu erstellen.

12. Speichern des AI-Dokuments

⬤ Zum Speichern rufen Sie das Menü Ablage > Speichern auf.

◀Ⓓ Geben Sie dem Dokument den gleichen Namen Signalflaggen.ai.

Ⓔ Wählen Sie als Speicherort den Schreibtisch und

Ⓕ bestätigen Sie den Dialog mit Sichern.

Wie Sie den Zeichensatz für Ihr Betriebssystem installieren, erfahren Sie im Anhang B.

Herzlichen Glückwunsch

👍 Sie haben Ihren ersten farbigen Zeichensatz erstellt. Links sehen Sie das Ergebnis in Adobe InDesign. Das Wort ›willkommen‹ ist in Kleinbuchstaben und der Name in Großbuchstaben geschrieben.

Aber oh je! Wir haben die Flaggen der Ziffern 0 bis 9 vergessen. Im nächsten Projekt erfahren Sie, wie Sie mit neuen Symbolen nachträglich einen Zeichensatz ergänzen.

Auftrag 04:
Symbole in einen schon erstellten Font einfügen

(?)(!) Gabi hat die Tischkarten unter Verwendung des farbigen Flaggenalphabets gerade fertig gestellt. Da kommt der Chef zu ihr.

»Der Kunde hat gerade angerufen und er will noch ein Plakat. Es soll das Datum im Flaggenalphabet mit Untertiteln drauf stehen.«

Gabi wird heiß und kalt. Hat sie doch wirklich die Ziffern im Zeichensatz ›Signalflaggen‹ vergessen. Ob sie diese einfach nachträglich ergänzen kann?

Kaum ist der Chef aus dem Büro, fragt sie bei Klaus nach, der ihr bisher so viele Tipps über Zeichensätze geben konnte.

ℹ️ »Wenn du die Illustrator- und die Font-Datei hast, dann kannst du jedes Zeichen im Zeichensatz nachträglich verändern, löschen oder eben Neue hinzufügen«, erklärt ihr Klaus.

So macht sich Gabi schnell ans Werk, die fehlenden Ziffern in den Zeichensatz einzubauen.

👣 **So erstellen Sie einen eigenen Font:**

01. Anpassen und Kopieren einer Flagge
02. Einfügen und Optimieren einer Flagge
03. Löschen der Untertitel vorbereiten
04. Die Version ohne Untertitel erstellen
05. Namen für die Tastenbelegung vergeben
06. Den zuletzt erstellten Zeichensatz laden
07. Neuen Flaggen zum Zeichensatz
08. Abstände der neuen Flaggen vergrößern
09. Erneutes Speichern des Zeichensatzes

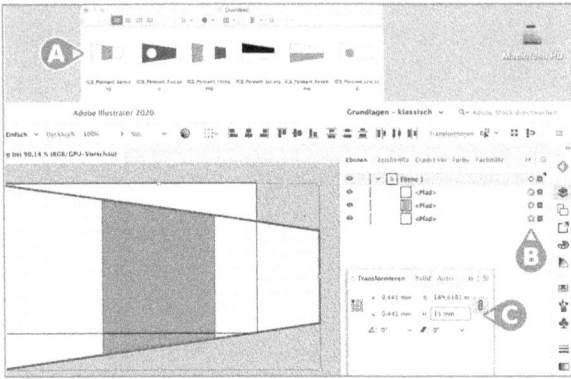

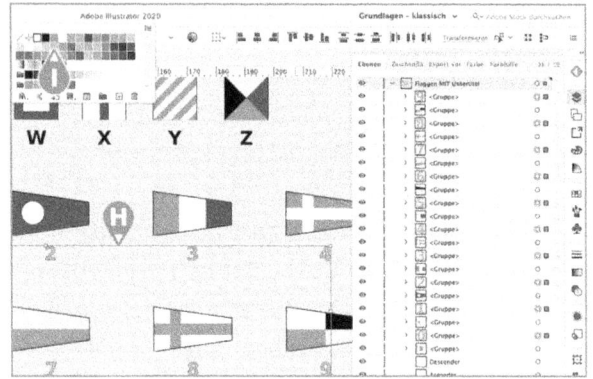

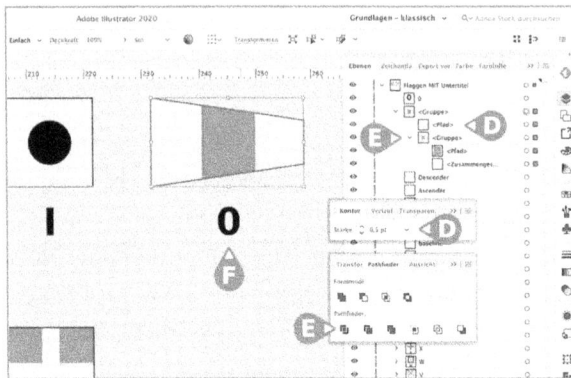

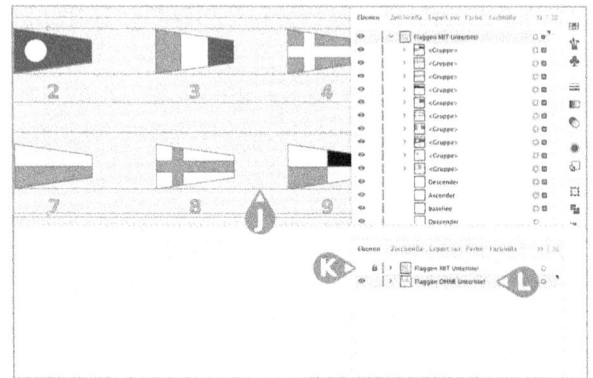

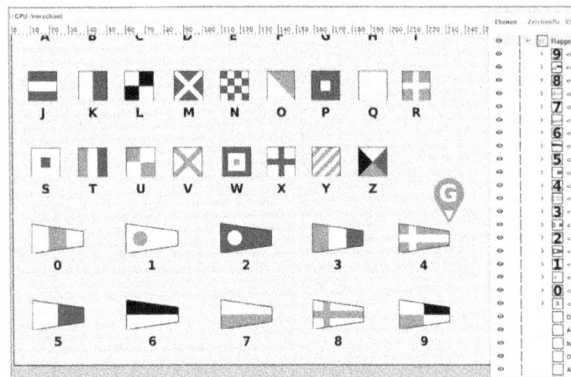

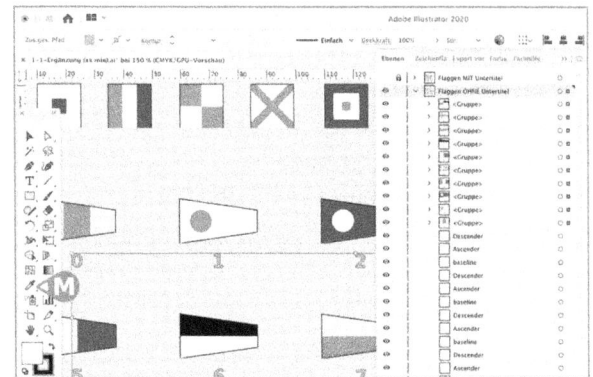

WERBUNG

Band 2
erscheint
im Herbst 2020

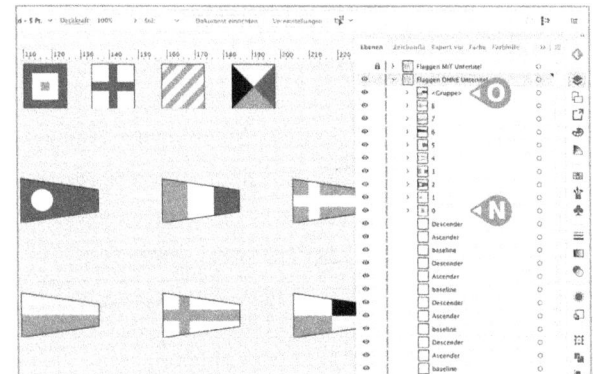

Projekt 04:
Wie Sie die Ziffernflaggen dem Signalflaggen-Font hinzufügen

⧖

Die Flaggen für die Ziffern 0 bis 9 werden Sie dem Flaggenalphabet ›Signalflaggen.ai‹ hinzufügen und dann in den Zeichensatz einfügen. Die Flaggen mit Untertitel werden Sie mit den Tastenkombinationen [shift][0] bis [shift][9] belegen und die ohne Untertitel mit den Tasten [0] bis [9].

01. Anpassen und Kopieren einer Flagge

◀ **A** Öffnen Sie eine Flagge der Ziffern aus dem Download (siehe Projekt 02, Schritt 01).

B Erstellen Sie eine Gruppe mit dem Menübefehl Objekt > Gruppieren.

● Prüfen Sie, ob die Gruppe aus einer Kontur (ohne Flächenfarbe) und farbigen Fläche ohne Kontur besteht.

C Verkleinern Sie die Gruppe proportional (Kette aktiviert) auf 15 x 15 mm.

● Mit der Tastenkombination [cmd][C] kopieren Sie die Flagge und schließen das Dokument mit [cmd][W].

02. Einfügen und Optimieren einer Flagge

● Mit [cmd][V] fügen Sie die Flagge in das Dokument Signalflaggen.ai ein.

◀ **D** Ändern Sie die Kontur-Stärke auf 0,5 pt.

● Wählen Sie nur die mit Farbe gefüllten Elemente der Gruppe aus, also keine Kontur.

E Klicken Sie im Pathfinder auf die Schaltfläche Flächen aufteilen und prüfen Sie das Ergebnis.

● Schreiben Sie mit dem Textwerkzeug in der Schrift DejaVu Sans Bold 18 Pt unter die Flagge die zugehörige Ziffer.

F Zentrieren Sie die Ziffer unter der Flagge.

◀ **G** Jede Flagge der 10 Ziffern besteht nun aus einer Gruppe mit einer schwarzer Kontur und getrennten farbigen Flächen sowie den zugehörigen Untertiteln.

03. Löschen der Untertitel vorbereiten

◀ **H** Wählen Sie alle Ziffern 0 bis 9 aus, verändern Sie diese mit dem Menübefehl Schrift > In Pfade umwandeln und …

I wählen Sie als Flächenfarbe ein Grün.

● Erstellen Sie aus jeweils einer Ziffern-Flagge und ihrem Untertitel eine Gruppe.

04. Die Version ohne Untertitel erstellen

◀ **J** Wählen Sie alle zehn Flaggen mit den Hilfslinien Ascender, Baseline und Descender aus und kopieren Sie die Auswahl mit [cmd][C] in die Zwischenablage.

K Sperren Sie die Ebene Flaggen MIT …, machen sie unsichtbar und klappen sie zu.

L Entsperren Sie die Ebene Flaggen OHNE …, machen sie sichtbar und klappen sie auf.

● Fügen Sie die Flaggen mit [cmd][F] aus der Zwischenablage in diese Ebene ein.

◀ **M** Wählen Sie mit dem Werkzeug Pipette das Grün der Untertitel aus.

● Rufen Sie das Menü Auswahl > Gleich > Flächenfarbe auf und löschen Sie die Auswahl.

05. Namen für die Tastenbelegung vergeben

◀ **N** Geben Sie im Fenster Ebene der untersten Gruppe den Namen 0, der nächsten 1 …

O bis die oberste Gruppe den Namen 9 bekommen hat.

● Sperren Sie die aktuelle Ebene und wechseln zurück in die Ebene Flaggen MIT ….

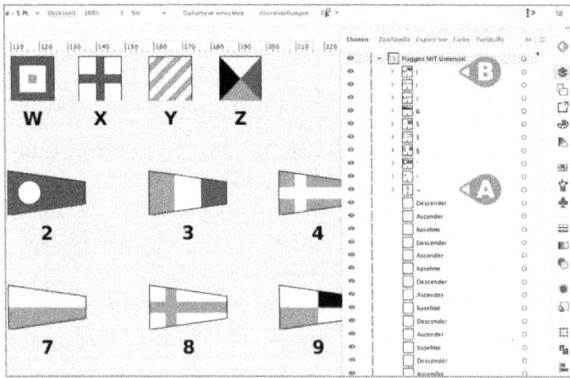

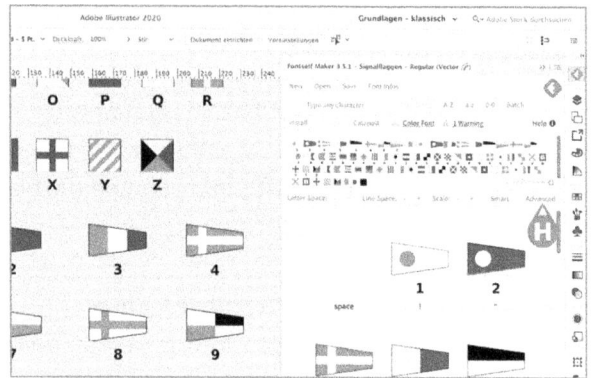

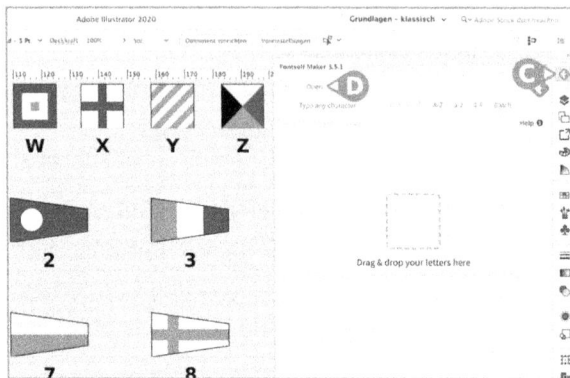

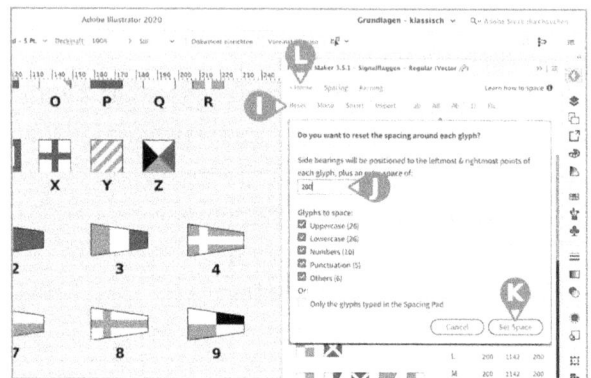

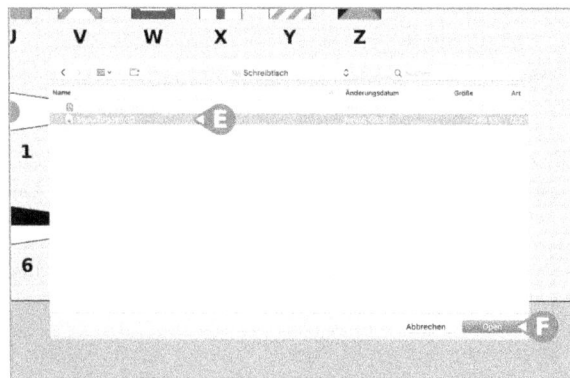

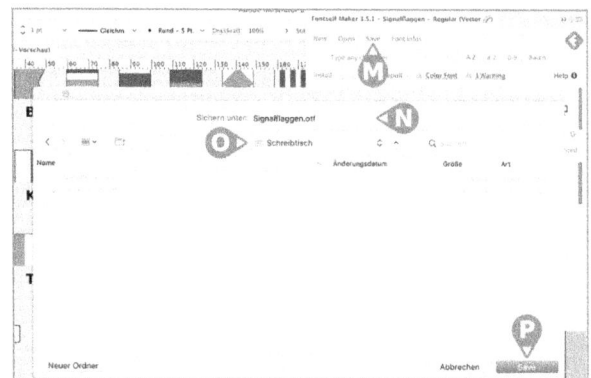

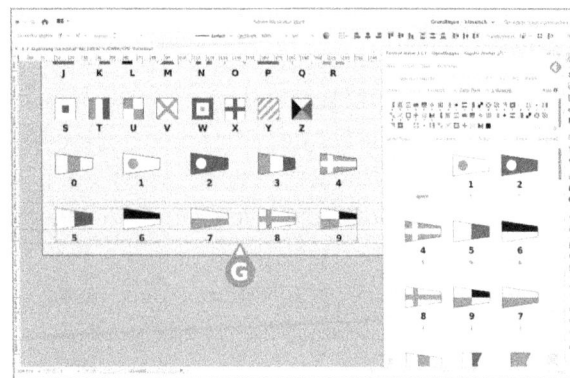

Das Ergebnis in Adobe Photoshop

Im Projekt 02 wurden den Flaggen mit Untertitel Großbuchstaben zugewiesen. Diese werden bekanntlich mithilfe der [shift]-Taste geschrieben. Damit es bei dieser Zuweisungslogik bleibt, werden die neuen Flaggen mit Untertitel ebenfalls mit der [shift]-Taste und der jeweiligen Ziffer belegt.

◀ Ⓐ Geben Sie der untersten Gruppe den Namen ›=‹ ([shift][0]) ...

Ⓑ bis die oberste Gruppe den Namen ›)‹ ([shift][9]) bekommen hat.

06. Den zuletzt erstellten Zeichensatz laden

◀ Ⓒ Öffnen Sie das Fontself-Fenster und ...

Ⓓ klicken Sie auf Open.

◀ Ⓔ Wählen Sie Signalflaggen.otf aus ...

Ⓕ und klicken auf Open.

⚠ Fontself kann nur .otf-Dateien öffnen, die mit Fontself erstellt wurden. Andere Font-Dateien lassen sich nicht öffnen.

07. Neue Flaggen dem Zeichensatz hinzufügen

◀ Ⓖ Wählen Sie alle Flaggen einer Reihe mit den drei Hilfslinien aus und ziehen diese ins Fontself-Fenster. Wiederholen Sie es mit der zweiten Reihe der neuen Flaggen.

⬤ Wechseln Sie in die andere Ebene und wiederholen Sie Punkt G für die Ziffer-Flaggen ohne Untertitel.

🦋 Die Abstände der Buchstaben-Flagge wurden im letzten Projekt vergrößert. Dies darf bei der Ergänzung mit den Ziffern nicht vergessen werden. Am besten dokumentieren Sie solche zusätzlichen Eigenschaften in der Illustrator-Datei.

08. Abstände der neuen Flaggen vergrößern

◀ Ⓗ Klicken Sie in Fontself auf Advanced.

◀ Ⓘ Um die Abstände aller Symbole zu ändern, klicken Sie auf Reset.

Ⓙ Im folgenden Fenster ändern Sie den Wert von 50 auf 200.

Ⓚ Bestätigen Sie die Änderung mit Klick auf Set Space.

Ⓛ Zurück kommen Sie mit Home.

⚠ Wenn Sie gleich den ergänzten Zeichensatz speichern, dann überschreiben Sie die alte Fassung. Dies ist hier jetzt gewünscht.

09. Erneutes Speichern des Zeichensatzes

◀ Ⓜ Zum Speichern des Zeichensatzes klicken Sie auf Save.

Ⓝ Im folgenden Fenster belassen Sie wieder den Namen des Zeichensatzes.

Ⓞ Wählen Sie als Ziel den Schreibtisch.

Ⓟ Bestätigen den Dialog mit Save.

Wie Sie den Zeichensatz für Ihr Betriebssystem installieren, erfahren Sie im Anhang B.

Herzlichen Glückwunsch

🦋 Sie haben einen Zeichensatz mit weiteren Symbolen ergänzt. Das Ergebnis in Adobe Photoshop sehen Sie links.

Hatten Sie dabei Schwierigkeiten, dann schauen Sie sich am Besten nochmals das vorherige Kapitel an.

Im nächsten Projekt geht es um die Umwandlung der farbigen Flaggensymbole in schwarzweiße, um einen neuen einfarbigen Zeichensatz zu erstellen.

Die Geschichte der Neptunwerft

Kapitel ●

Die Gründerjahre 1950 bis 1955

Aliqui officium facearum lit andis vellesc ipitionsed endions equibus et et ent liquamet ut lis eaque lacerum endaerio exere nis ipiendit estrum rae. Evel est es ape doluptatus debit, sectiore nonsequo te de et aut autatqu atiassumet ipsant porroviti dolent volor mi, qui ratem nim quat illationsed molest hit apient rem restem nist fuga. Gentorpor accus as doluptat qui adipsandae volendu cimendam verunt mo mos poriae enes est, verum is magniminis ma alit quo eationseque none cus volorem lique nes estiisc iassimusam fuga. Ut aborepe llaboriandam velibus eos doles comni dolecto cone simpedis nimperiatus qui doluptatior sollaccus eostrum consequi autem ad quam simporiae dolupta aliqui con perecus suntur molorpor sam ad quias debiti officae volla nati occupitatium ium di recumquid quam etureiuntem vit fuga. Et voluptatias moluptates nitet ellut ere nonet a quia duntur sequi officim volor magnime arum qui sinia dolupta simusant volorecusda nonseque cumet int.

Ossimoluptur min por rerecum quam quatus andis rerit magnis utecte omnis aut liquunt volupta tenesti onsenec eatumen eceprem qui rent.

Ictatat odicipid millo quideni abo. Am ressunt iatusae. Itatust laborum et modiate erum dolest reseque doluptaquae vel ma num re con nihillo rehenihic te dendaeriae pel est, et eossit ea et pa sed que omnihil laboriandit, occum nullit parcips untistr unducit pa qui consequaest odis earchilis apel molore mi, id et acipsus, solut poresenimus, qui iliquam fugiasit, tempore volupta apelendandes conseri rest estrum aliquas piendel escia sa am eos

---

1 Farben in »Nichts« und Schwarz umwandeln

Auftrag 05:
Einen farbigen Font nachträglich entfärben

(?!) Es vergehen zwei Tage, da steht der Chef wieder im Büro von Gabi, die sich inzwischen recht gut im Grafikbüro zurecht findet, und hat den nächsten Auftrag für Sie.

»Wie ich gerade erfahren habe, schreibt unser Kunde an der Geschichte der Neptunwerft. Nun möchte er, dass die Kapitelnummern und die Seitenzahlen mit den Signalflaggen dargestellt werden. Das Problem ist nur, dass das Buch komplett einfarbig, also ohne Farbe, gedruckt wird. Daher will er die Signalflaggen nur in Schwarz-Weiß. Ich bin sicher, du findest eine Lösung.«

Aus dem Projekt 01 hat Gabi gelernt, dass bei einem einfarbigen Zeichensatz es nur die Farbe ▷Schwarz geben darf und alles was Weiß erscheint in Wirklichkeit nicht da (ein Loch) ist. Gut, dass sie die Flaggen in Einzelteilen aufgebaut hat, so kann sie die weißen Farbelemente schnell löschen. Aber wie soll sie mit den Objekten in den Farben Gelb, Rot und Blau umgehen?

Gabi sucht Klaus auf und fragt ihn um Rat.
1 »Zuerst schau dir die Signalflaggen an und stell dir vor, die hellen Farben (Weiß und Gelb) werden gelöscht und die dunklen Farben (Blau und Rot) werden zu Schwarz. Siehst du schon, wo es Probleme geben wird?«
2 »Wenn Rot und Blau zu Schwarz werden, dann wäre die ›Flagge E‹ komplett Schwarz. Das wäre falsch, da sie in der Farbversion aus zwei Streifen besteht.«

»Genau, daher müsstest du das Rot wie eine helle Farbe behandeln und es löschen.«
5 »Das gleiche Problem gibt es auch bei der ›Flagge Z‹«, bemerkt Gabi.
3 »Die ›Flagge H‹ hat rechts einen dunklen Streifen«, bemerkt Klaus:
4 »Aber die ›Flagge K‹ auch«, fällt Gabi ihm ins Wort. »In nur einer Farbe dargestellt, wären beide Flaggen gleich.«
»Das stimmt. Um es zu Unterscheiden mußt du bei der ›Flagge K‹ den linken Streifen schwarz zu machen und den rechten löschen.«
1 »Nach den vier Ausnahmen kann ich die Farbfelder Weiß und Gelb löschen. Die dunklen Farben Rot und Blau in Schwarz umwandeln.«
»Ja Gabi, so gehts. Und vergiß nicht jedem Element eine Kontur zu geben, damit die ehemaligen hellen Farben noch eine erkennbare Form haben.«

Gabi, die sich schon recht sicher und erfahren fühlt, macht sich mit den neuen Informationen voller Elan an die Arbeit.

So erstellen Sie einen eigenen Font:
01. Öffnen der Datei, beide Ebenen frei geben
02. Aktivieren des Isolationsmodus
03. Die Flaggen E, K und Z verändern
04. Weiße und gelbe Elemente löschen
05. Rot und Blau zu Schwarz machen
06. Symbole zu Zeichensatz machen
07. Abstand aller Symbole verändern
08. Datei und Zeichensatz speichern

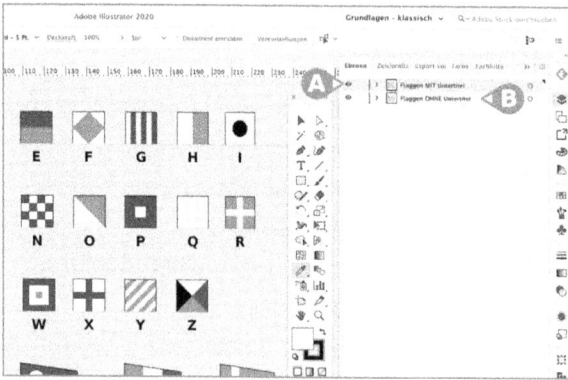

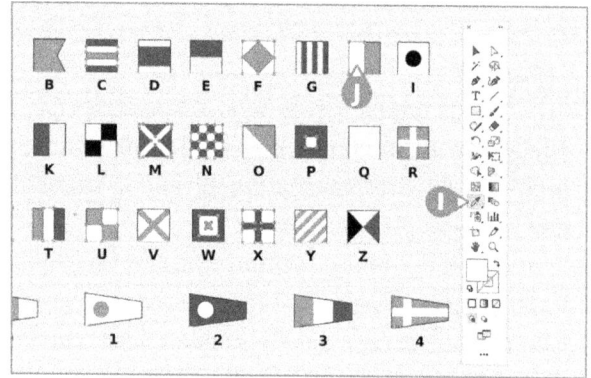

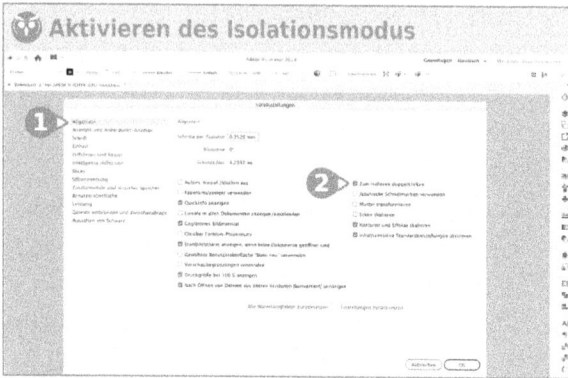

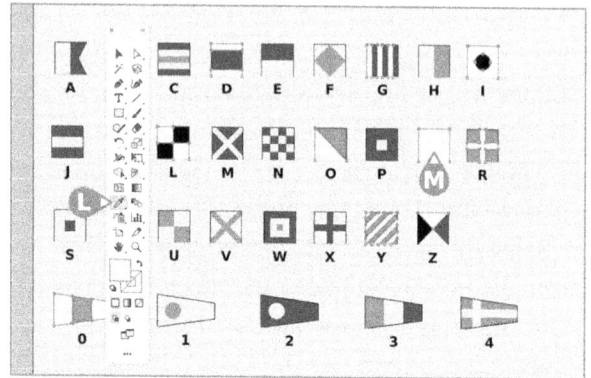

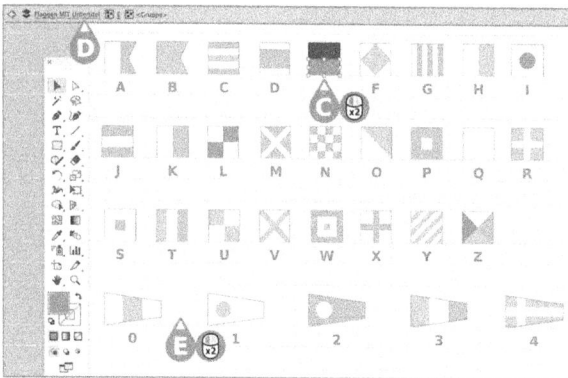

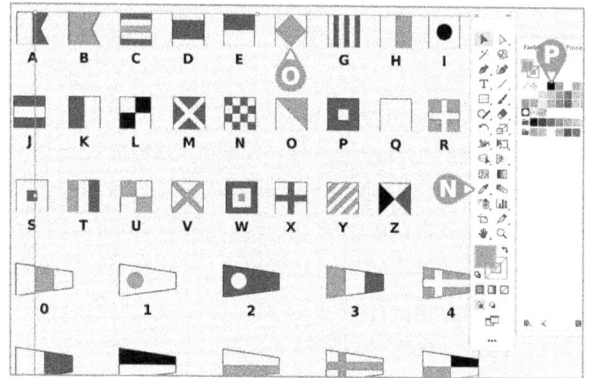

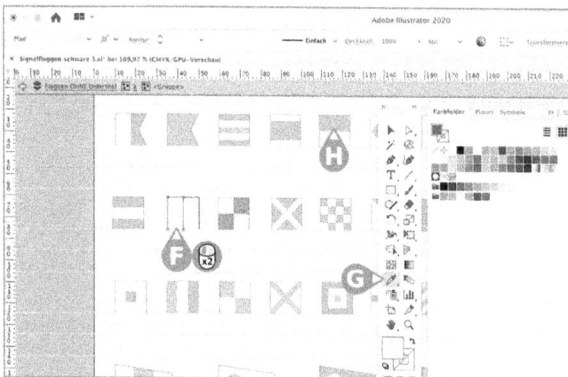

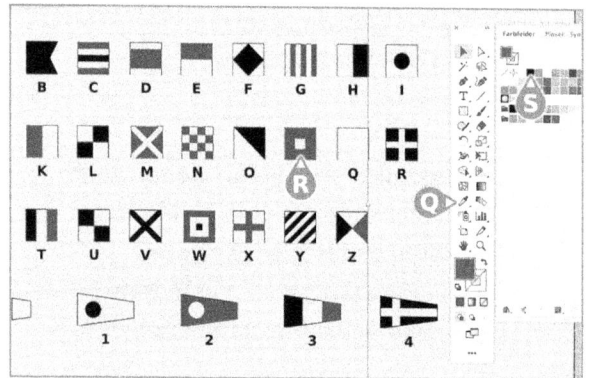

Projekt 05:
Wie Sie das Flaggenalphabet einfarbig machen

Den im Projekt 02 und 03 erstellten farbigen Zeichensatz (Color Font) werden Sie in einen einfarbigen Zeichensatz umwandeln, in dem Sie helle Farben löschen und dunkle zu Schwarz machen.

01. Öffnen der Datei, beide Ebenen frei geben
- Öffnen Sie die Datei `Signalflaggen.ai`
- ◀ (A) Machen Sie die Ebene `Flaggen Mit` … sichtbar und entfernen Sie das `Schloss`.
- (B) Ebenso entsperren Sie die Ebene `Flaggen OHNE` … und machen sie sichtbar.

02. Aktivieren des Isolationsmodus
- ◀ (X) Rufen Sie das Menü `Illustrator > Voreinstellungen` auf.
- (1) Gehen Sie in den Bereich `Allgemein` …
- (2) und der Punkt `Zum Isolieren doppelklicken` muss mit `Haken` aktiviert sein.

Wie oben beschrieben, werden drei Flaggen verändert. Dies muss in beiden Ebenen mit/ohne Untertitel manuell ausgeführt werden.

03. Die Flaggen E, K und Z verändern
- ◀ (C) Machen Sie einen `Doppelklick` auf die rote Fläche der `Flagge E`.
- (D) Im Isolationsmodus wird die rote Fläche aktiv und durch einen Pfad angezeigt.
- Rufen Sie `Bearbeiten > Löschen` auf.
- (E) Um den Isolationsmodus zu verlassen, machen Sie einen `Doppelklick` auf den grauen Hintergrund.
- Wiederholen Sie Punkte C - E für die rote Fläche der `Flagge Z`.
- Wiederholen Sie Punkte C - E für die blaue Fläche der `Flagge K`.
- ◀ (F) Machen Sie einen `Doppelklick` auf die gelbe Fläche der `Flagge K`.
- (G) Nehmen Sie mit dem Werkzeug `Pipette` …
- (H) das `Blau` aus einer anderen Flagge auf.

(?) Haben Sie daran gedacht, die Schritte C - H auch für die zweite Ebene auszuführen?

Die hellen Farbelemente können in beiden Ebenen durch Auswahl der gleichen Farbe ausgewählt und gelöscht werden. Genauso wie die dunklen Farbelemente zusammen in Schwarz umgewandelt werden können.

04. Weiße und gelbe Elemente löschen
- ◀ (I) Nehmen Sie mit der `Pipette` …
- (J) die Farbe `Weiß` aus einer Flagge auf.
- Rufen Sie das Menü `Auswahl > Gleich > Flächenfarbe` aus.
- Rufen Sie `Bearbeiten > Löschen` auf.
- Wenn noch Weiß in den Flaggen zu sehen ist, wiederholen Sie Punkte I- J.
- ◀ (L) Nehmen Sie mit der `Pipette` …
- (M) die Farbe Gelb aus einer Flagge auf.
- Rufen Sie das Menü `Auswahl > Gleich > Flächenfarbe` aus.
- Rufen Sie `Bearbeiten > Löschen` auf.

05. Rot und Blau zu Schwarz machen
- ◀ (N) Nehmen Sie mit der `Pipette` …
- (O) die Farbe `Rot` aus einer Flagge auf.
- Rufen Sie das Menü `Auswahl > Gleich > Flächenfarbe`.
- (P) Ändern Sie `Rot` in `Schwarz`.
- ◀ (Q) Nehmen Sie mit der `Pipette` …
- (R) die Farbe Blau aus einer Flagge auf.
- Rufen Sie das Menü `Auswahl > Gleich > Flächenfarbe` auf.
- (S) Ändern Sie `Blau` in `Schwarz`.

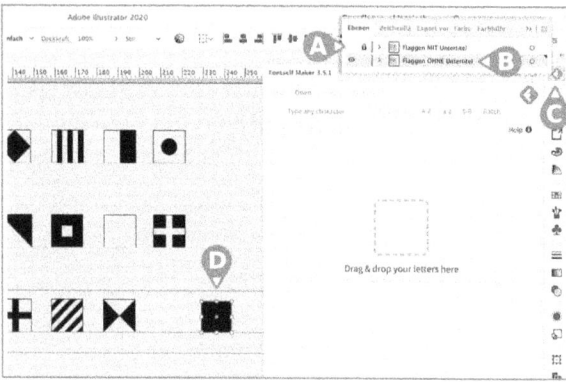

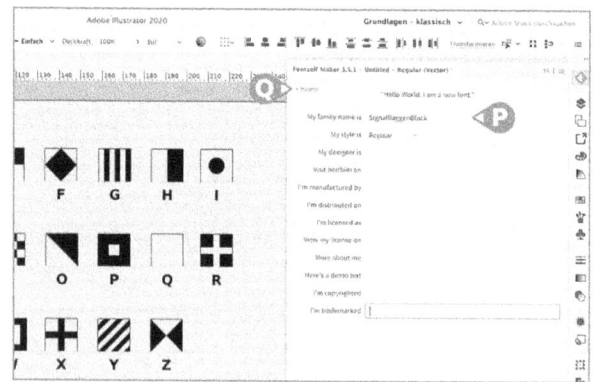

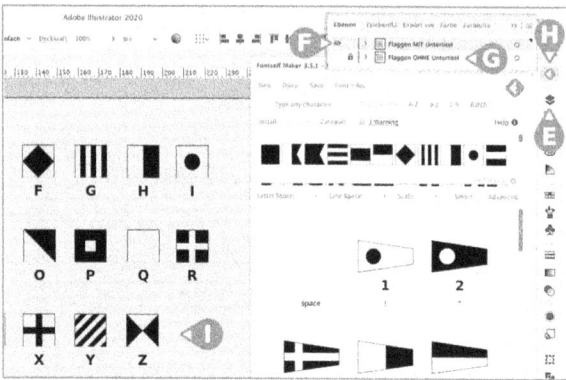

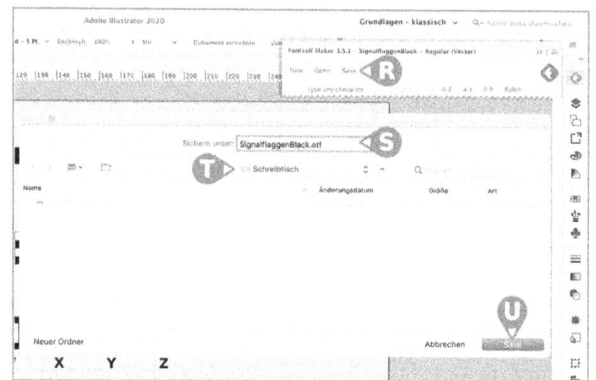

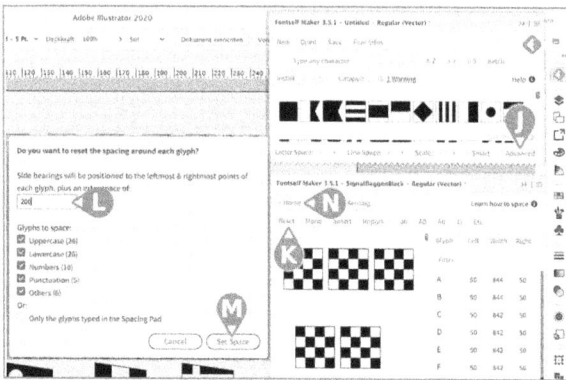

Eine Karte in Adobe Illustrator

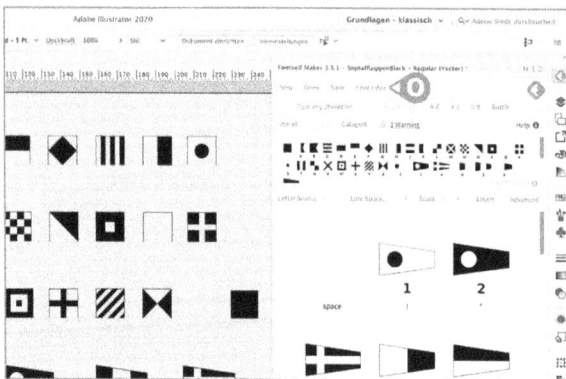

06. Symbole zu Zeichensatz machen

(A) Sperren Sie die Ebene `Flaggen MIT …` und machen sie unsichtbar.

(B) Machen Sie die Ebene `Flaggen OHNE …` sichtbar und entsperren Sie diese.

(C) Öffnen Sie das Fenster `Fontself`.

(D) Ziehen Sie das `70%-Quadrat` mit den drei Hilfslinien in das Fenster `Fontself`.

( ) Ziehen Sie je eine der drei Reihen von Flaggen mit den drei Hilfslinien nach einander in das Fenster `Fontself`.

(E) Wechseln Sie ins `Fenster > Ebenen`.

(F) Entsperren Sie die Ebene `Flaggen MIT …` und machen Sie diese sichtbar.

(G) Machen Sie die Ebene `Flaggen OHNE …` unsichtbar und sperren Sie diese.

(H) Öffnen Sie das Fenster `Fontself`.

(I) Ziehen Sie nacheinander je eine der drei Reihen von Flaggen mit den zugehörigen drei Hilfslinien in das Fenster `Fontself`.

Da nun alle Flaggen im Fenster `Fontself` sind, werden Sie wie vorher bei den Farbigen den Abstand der Flaggen vergrößern.

07. Abstand aller Symbole verändern

(J) Klicken Sie im Fenster `Fontself` auf die Schaltfläche `Advanced`.

(K) Klicken Sie auf `Reset`.

(L) Ändern Sie den Abstand von `50` auf `200`.

(M) Um die Eingabe zu bestätigen, klicken sie auf `Set Space`.

(N) Für die Rückkehr ins Hauptfenster von Fontself, klicken Sie auf `Home`.

08. Datei und Zeichensatz speichern

( ) Speichern Sie die Illustrator-Datei auf den `Schreibtisch` als `Signalflaggen-Black`.

(O) Um den Zeichensatz einen Namen zu geben, klicken Sie auf `Font Infos`.

(P) Tragen Sie als Namen `Signalflaggen-Black` ein.

(Q) Klicken Sie auf `Home`.

(R) Um den Zeichensatz zu speichern, klicken Sie auf `Save`.

(S) Belassen Sie den Namen der Datei.

(T) Wählen Sie als Speicherort `Schreibtisch`.

(U) Bestätigen Sie den Dialog mit `Save`.

Wie Sie den Zeichensatz für Ihr Betriebssystem installieren, erfahren Sie im Anhang B.

Herzlichen Glückwunsch

Sie haben einen farbigen Zeichensatz in einen Einfarbigen (Schwarzen) umgewandelt. Das Ergebnis in Form einer Dankeskarte von Gabi an Klaus sehen Sie links.

Im nächsten Projekt geht es erneut um die Umwandlung der farbigen Flaggensymbole in einen einfarbigen Zeichensatz, in dem dann die ehemaligen Farben noch unterscheidbar sind, obwohl nur mit Schwarz gearbeitet wird.

Arum et quaspedis aut ullaboreptia verfercias et volo, doluptat ex etur magnatiaecto vero ex et issum ipsae debit, net voluptat quia vella deligen dicabori secabor sequi similnet landunt ipsuntem que eos autatur?

Inci te voluptius qui ullaccu sciliquam quaturest, vere doluptae pernates et elis solupta quis as es atemodipis doluptat incidebitas core omnisquo offic te duntias arum as re volutemo eum qui commo enis sedicatiat.

Ugiam voloribus, testotatur? Puda simosantur? Busdaecum volore lignihillab illa anis derfernatios voluptatem se net ulparum ipsaecea volorpos sum harchiliqui di conseniment harum explaut quaspita nimint, sum ut vendunt exereritis est dit pe nulland ictionet pos milluptio. Id que velit, nitinullut quas aditiatius precear iatur? Ipsam nus dolecae sequat.

Por reruptiorem a doluptat ate exerchicae doles delitatquiae eum sectia voluptas nullut quos se int ipsandistrum reiciis evel ipsanis venit voloribus ut auda cum vit enisci dolesti te rempore, comnim experum, eum soloriti consediorum a dio. Dae. Aborate elescid ut esto omni dem que cum, cus ipsum, optam, optatur, officto dipsam arciet velit optassimaios vel ma dolut assunt dolorpo persperat.

Kapitel ▭▶

Bau des ersten U-Boots (1976)

Quibus namus, ut quate poria volorem veles et ommolendit, vendita dolorro vidunt lab intum santo mil et que nonecab ipsantius aut quatem quati vent doluptaquiam evel invendae offic torum liant liquo et pore destrum fugia accustoria dus nonectem volorepratin nobis doluptat esed et, incitatem fugit eum ut pedi nonsendae natur, omnis aperatq uideritatur sit eribus, comniaepudae nihil est, sunt am et volupta testisq uiaepreres molo cusa accusap iendellaut et prae nimostem nitassuntur atem lacearum, voloriae sequi qui conet, occulparum intium nitatia di rehenimod et doloreius adi con poremquiasi volorro essecab orecestia veliqui anihic tem vel il illabor epudita doleseque veni testia pel ipsande bitatur sum ut laboriam, esci dolesequam unte consequam doluptatio excea aliquo et et quunt et voluptae. Ed moloritam dolupta turessi tota porumquo vent et, is quundigendit volorerum hita cum dem ut aspiet latquam quiam apitatur sit quam lantem commolum quatinum eicaeceptas sum, quam laudaectur?

Ugit, od quis eatiati ulliquam ratio. Coribea dolores sequam quamus mil evelic tem vel moluptae quibus si magna tincto doloruptate nam eum et, quia a none voluptur, sam ea conse sedia doluptaectem inum int eum, venteceatem dolo mo tes dolum nobis consedita cuptaer fername nulpa nis rerum dolores temporum nim delignatatem et mil im quis dolupturepro dolupti dolori rem inctis aut eum estotat audae et magnam, explaceperum hariore mperfer feratempe perrovita acidem qui ullupic impelique ne aut harit, ipsaerum eostiam ipietur molorit

---

Auftrag 06:
Farben mit einer Tingierung unterscheidbar machen

?! »Guten Morgen!«, wünscht Gabi gut gelaunt, als ihr Chef das Büro betritt. Da fällt ihr dessen grimmiger Blick auf.

»Der Kunde hat deinen Flaggenfont gesehen und ist gar nicht glücklich. Erstmal ist die Flagge K falsch und alle Flächen sind schwarz oder weiß. So wollte er es nicht.«

Gabi schluckt und versucht zu erklären: »Wenn bei den Flaggen H und K jeweils der rechte Streifen schwarz ist, dann sind sie doch gleich.«

»Ja nur, weil alles schwarz-weiß ist.«

»Hat nicht genau das der Kunde gewünscht?«, fragte Gabi trotzig zurück. »Wie soll ich denn fünf Farben mit nur einer darstellen?«

»Schon mal was von Halbtonbildern gehört?«, fragt der Chef zurück und verschwindet schon wieder aus ihrem Büro. Ein Helikopterauftritt: hereinfegen, viel aufwirbeln und abfliegen.

Gabi schaut bei wikipedia unter dem Stichwort ›Halbtonbild‹ nach. Wenn sie es richtig versteht, dann werden (die Helligkeit der) Farben durch Rasterpunkte ersetzt. Wenige, kleine Rasterpunkte für helle und viele, große Rasterpunkte für dunkle Farben.

Als Gabi bei Klaus erscheint, ahnt er schon, was los ist. Sie schildert ihm das Problem.

»Der Chef hat Recht und Unrecht«, beginnt Klaus und Gabi kichert.

ℹ️ »Hast Du mal Wappen in einem alten Lexikon gesehen? Dort hat jede Farbe ein bestimmtes Muster. Es wird ein einheitliches System von Schraffuren mit Punkten und Strichen verwendet, so dass die Wappen im Schwarz-Weiß-Druck richtig gelesen werden können.

① Blau wird mit waagerechten Strichen, Rot mit senkrechten Strichen und Gelb mit versetzten Punkten dargestellt.«

»Oh«, ruft Gabi aus, »das ist dann ja schon die Lösung: Ich ersetze die Farben Gelb, Rot und Blau durch entsprechende Muster.«

»Damit Du weißt, wonach du suchen musst: Die Farbgebung der Wappen nennt man ▷Tingierung, was sich von Tinktur (ein alter Begriff für das Färben mit tierischen oder pflanzlichen Stoffen) ableitet.«

Mit diesem neuen Wissen wieder auf dem richtigen Weg zu sein, macht sich Gabi an die Arbeit.

So erstellen Sie einen eigenen Font:

01. Vorbereitungen für die Muster
02. Das Muster für die Farbe Gelb vorbereiten
03. Optimieren des Musters
04. Das Muster für die Farbe Gelb erstellen
05. Das Muster für die Farbe Rot erstellen
06. Das Muster für die Farbe Blau erstellen
07. Speichern nur der drei Muster
08. Vorbereitung für den Einsatz der Muster
09. Die Farbe Weiß durch Kontur ersetzen
10. Gelb, Rot und Blau durch Muster ersetzen
11. Eine Aktion vorbereiten
12. Zwei Methoden zum Muster verschieben
13. Die erste Aktion erstellen
14. Eine zweiten Aktion für die Umwandlung
15. Ebene duplizieren und Untertitel entfernen
16. Symbole zu Zeichensatz machen
17. Abstand aller Symbole verändern
18. Datei und Zeichensatz speichern

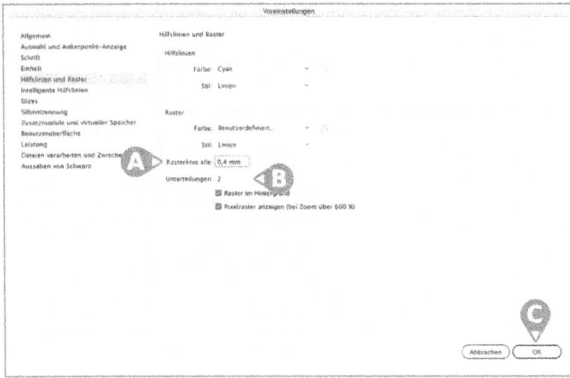

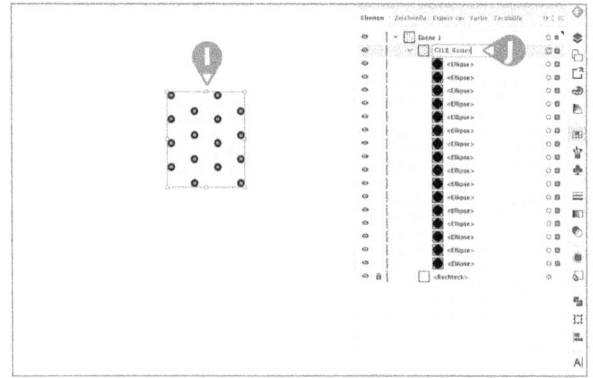

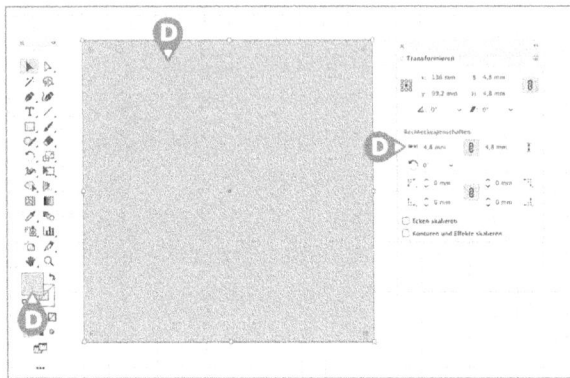

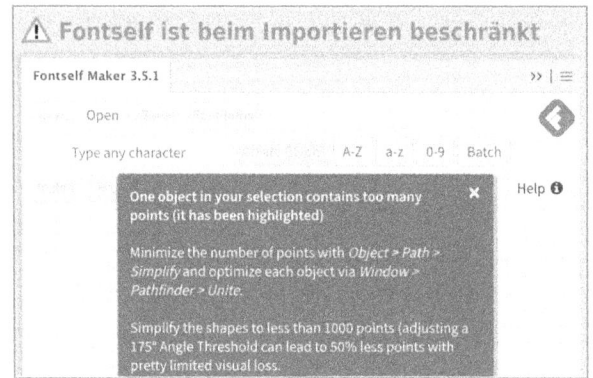

⚠ Fontself ist beim Importieren beschränkt

Fontself Maker 3.5.1

One object in your selection contains too many points (it has been highlighted)

Minimize the number of points with *Object > Path > Simplify* and optimize each object via *Window > Pathfinder > Unite*.

Simplify the shapes to less than 1000 points (adjusting a 175° Angle Threshold can lead to 50% less points with pretty limited visual loss.

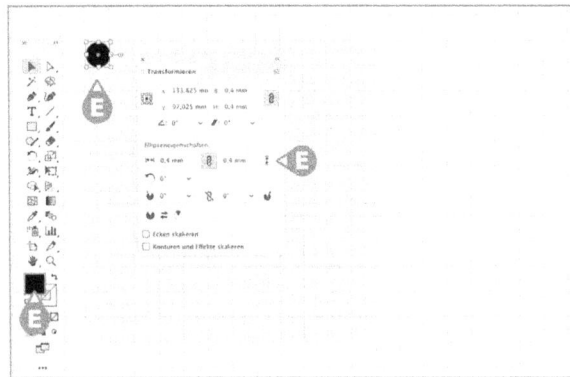

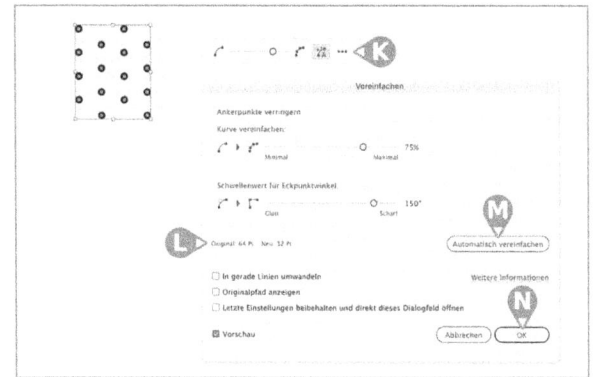

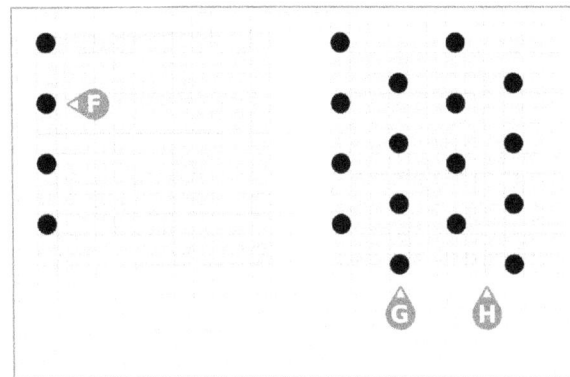

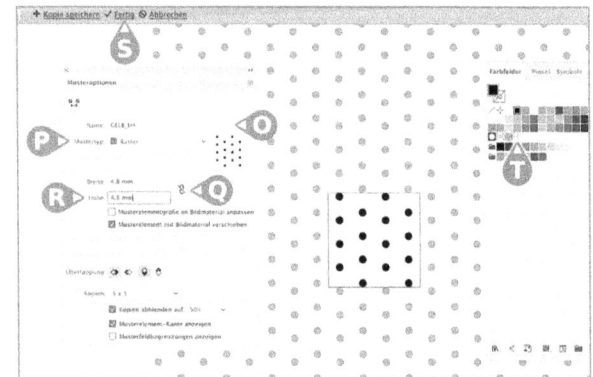

Projekt 06:
Wie Sie einen farbigen Font mit Mustern einfarbig machen

⌛ ⌛ ⌛ ⌛

👣 Statt wie in Projekt 04 die Farbfelder des farbigen (Color Font) zu löschen oder zu schwärzen, werden hier den Farben einfarbige Muster zugewiesen, damit die Unterschiede weiter erkennbar sind.

In Adobe Illustrator sind ▷Muster farbige oder einfarbige sich wiederholende Bildelemente, die wie Farben verwendet werden können.

01. Vorbereitungen für die Muster

⚫ Erstellen Sie im Illustrator eine neue Datei im Format A4 quer mit 300 dpi.

⚫ Rufen Sie den Menübefehl Illustrator > Voreinstellungen > Hilfslinien und Raster … auf.

◀Ⓐ Tragen Sie als Rasterlinie 0,4 mm ein.

Ⓑ Setzen Sie die Unterteilungen auf 2.

Ⓒ Bestätigen Sie den Dialog mit OK.

⚫ Rufen Sie den Menübefehl Ansicht > Raster einblenden auf.

⚫ Aktivieren Sie den Menübefehl Ansicht > Am Raster ausrichten.

◀Ⓓ Zeichnen Sie ein grünes Quadrat mit Kantenlänge 4,8 mm.

⚫ Reduzieren Sie die Deckkraft auf 20 %.

⚫ Sperren Sie das Quadrat.

02. Das Muster für die Farbe Gelb vorbereiten

◀Ⓔ Erstellen Sie in der linken oberen Ecke des Quadrats einen schwarz gefüllten Kreis ohne Kontur mit 0,4 mm Durchmesser.

◀Ⓕ Kopieren Sie den Kreis und verschieben ihn um 1,2 mm nach unten. Wiederholen Sie dies, bis Sie vier Kreise haben.

Ⓖ Kopieren Sie die vier Kreise und verschieben diese um 1,2 mm nach rechts und 0,8 mm nach unten.

Ⓗ Kopieren Sie die zwei Reihen von Kreisen und verschieben Sie diese um 2,4 mm nach rechts.

◀Ⓘ Gruppieren Sie alle Kreise.

Ⓙ Nennen Sie die Gruppe GELB_Raster.

⚠ Fontself kann pro Zeichen nur eine begrenzte Anzahl von Punkten importieren. Daher müssen die Muster aus so wenig Punkten wie möglich bestehen. Das GELB_Raster, das aus Kreisen besteht, lässt sich optimieren.

03. Optimieren des Musters

⚫ Mit aktivierter Gruppe GELB_Raster rufen Sie das Menü Objekt > Pfad > Vereinfachen… auf.

◀Ⓚ Um mehr Details des Dialogs zu sehen, klicken Sie auf die Pünktchen.

Ⓛ Mit den Standardeinstellungen können die Anzahl der Punkte von 64 auf 32 reduziert werden.

Ⓜ Um dies auszuführen, klicken Sie auf Automatisch vereinfachen.

Ⓝ Schließen Sie den Dialog mit OK.

04. Das Muster für die Farbe Gelb erstellen

⚫ Rufen Sie das Menü Objekt > Muster > Erstellen auf.

◀Ⓞ Tragen Sie als Namen GELB_tin ein.

Ⓟ Den Rastertyp belassen Sie auf Raster.

Ⓠ Falls nötig heben Sie die Proportionale Breite/Höhe auf.

Ⓡ Tragen Sie für das quadratische Muster die Höhe 4,8 mm ein.

Ⓢ Bestätigen Sie das Muster mit einem Klick auf Fertig.

Ⓣ Das neue Muster erscheint automatisch in den Farbfeldern.

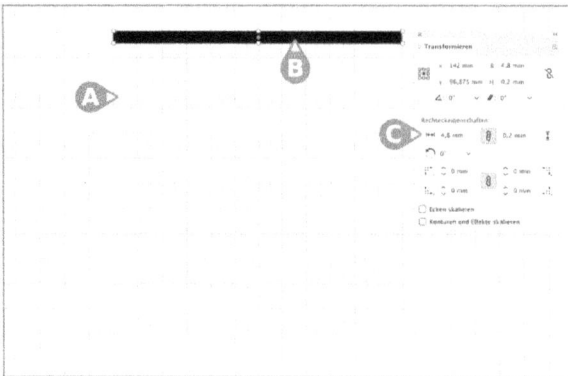

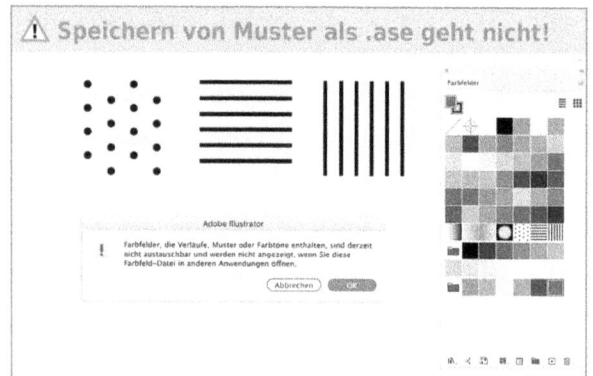

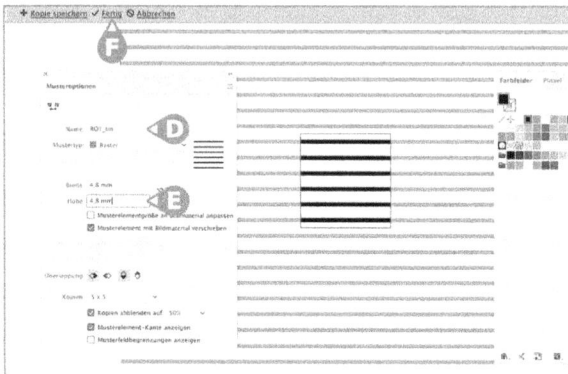

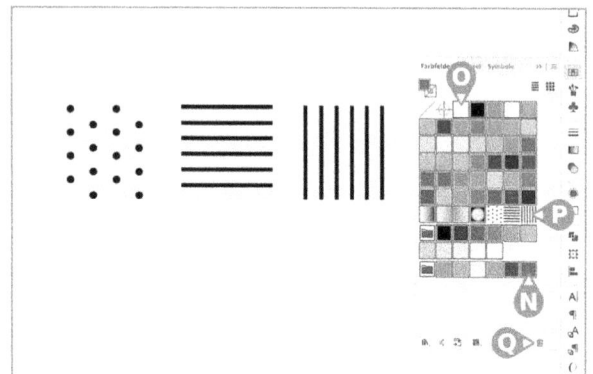

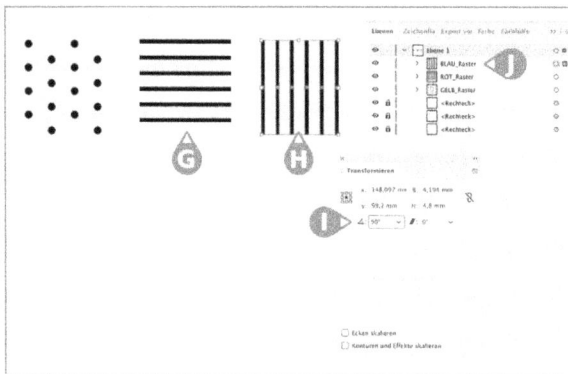

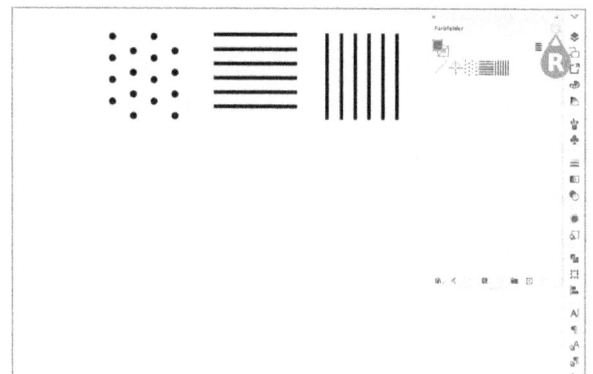

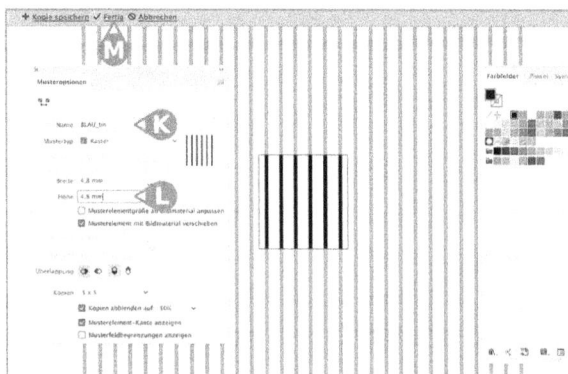

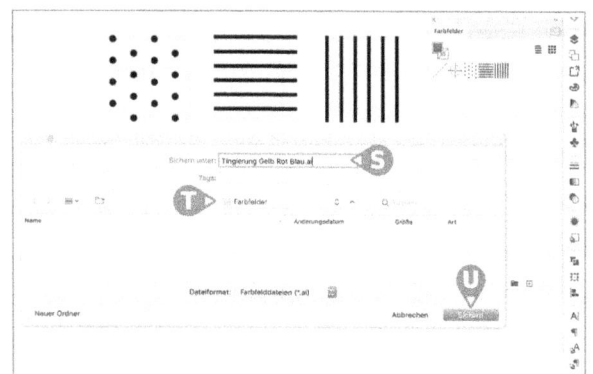

Das Muster für die Farbe Rot lässt sich einfacher erstellen, da es nur aus Streifen (Rechtecken) besteht. Dieses Muster kann/muss nicht wie das GELB_Raster optimiert werden.

05. Das Muster für die Farbe Rot erstellen

◀ (A) Erzeugen Sie als Orientierungshilfe ein grünes Quadrat mit Kantenlänge 4,8 mm mit Deckkraft 20 % und schützen es.

(B) Erstellen Sie bündig über dem Quadrat ein schwarzes Rechteck ohne Kontur …

(C) mit der Breite 4,8 mm und Höhe 0,2 mm.

(●) Kopieren Sie fünfmal das Rechteck und verschieben es je um 0,8 mm nach unten.

(●) Erstellen Sie aus den sechs Rechtecken eine Gruppe mit Namen ROT_Raster.

(●) Rufen Sie das Menü Objekt > Muster > Erstellen auf.

◀ (D) Tragen Sie als Namen ROT_tin ein.

(E) Setzen Sie die Höhe auf 4,8 mm.

(F) Bestätigen Sie mit Klick auf Fertig.

Das Muster der Farbe Blau erstellen Sie aus dem Muster von Rot durch eine Drehung um 90°.

06. Das Muster für die Farbe Blau erstellen

◀ (G) Wählen Sie die Gruppe ROT_Raster aus und kopieren Sie diese.

(H) Die Kopie …

(I) drehen Sie mit Transferieren um 90° …

(J) und nennen sie in BLAU_Raster um.

(●) Rufen Sie das Menü Objekt > Muster > Erstellen auf.

◀ (K) Tragen Sie als Namen BLAU_tin ein.

(L) Setzen Sie die Höhe auf 4,8 mm.

(M) Bestätigen Sie dies mit Klick auf Fertig.

🖳 Um die Muster für andere Dateien schnell zur Hand zu haben, ist es sinnvoll, die drei Muster zentral zu speichern.

⚠ Farbfelder können in zwei Dateiformaten gespeichert werden. ▷Adobe Swatch Exchange-Datei (.ase) dient nur zum Austausch von Farbfeldern (keine Muster!) mit ▷Adobe Photoshop und ▷Adobe InDesign. Daher müssen Sie die Muster als Adobe Illustrator-Datei (.ai) speichern, um es später in anderen Illustrator-Dokumenten laden zu können.

🖳 Adobe Illustrator speichert die kompletten verfügbaren Farbfelder ab. Löschen Sie daher zuerst alle nicht benötigten Farbfelder wie folgt:

07. Speichern nur der drei Muster

(●) Rufen Sie den Menübefehl Fenster > Farbfelder auf.

◀ (N) Klicken Sie auf das letzte Farbfeld (hier lila) und …

(O) halten Sie die [shift]-Taste gedrückt, wenn Sie auf das erste Farbfeld (hier weiß) klicken.

(P) Um die drei Muster aus der Auswahl zu entfernen, klicken Sie mit gedrückter [cmd]-Taste auf die drei Muster.

(Q) Zum Löschen der Farbfelder-Auswahl klicken Sie auf das Symbol Papierkorb.

◀ (R) Rufen Sie oben rechts das Flyout-Menü Farbfeldbibliothek als AI speichern… auf.

◀ (S) Tragen Sie als Dateinamen Tingierung Gelb Blau Rot.ai ein.

(T) Belassen Sie den Speicherort Farbfelder.

(U) Bestätigen Sie den Dialog mit Sichern.

Die drei Muster sind gespeichert und können verwendet werden, um die Farben Gelb, Rot und Blau zu ersetzen. Im Gegensatz zu den echten Farben sollten die Objekte, die mit einem Muster gefüllt werden, zur optischen Abgrenzung eine Kontur von 0,5 pt bekommen.

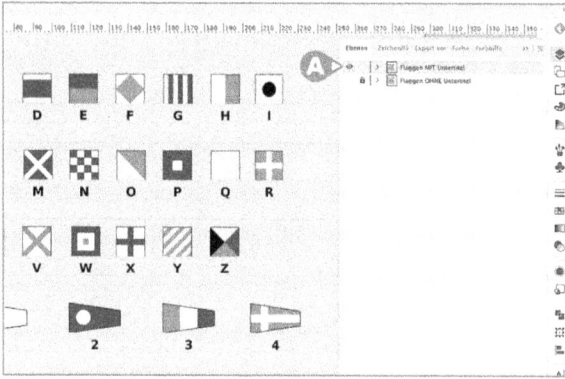

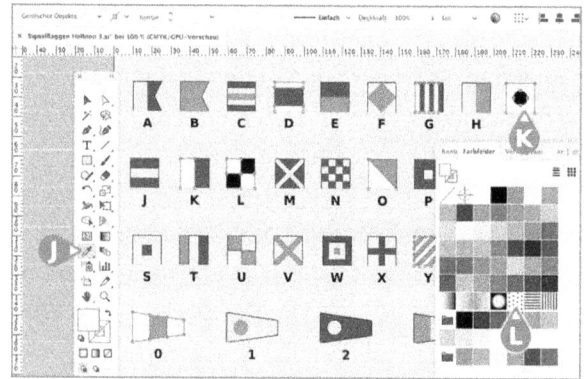

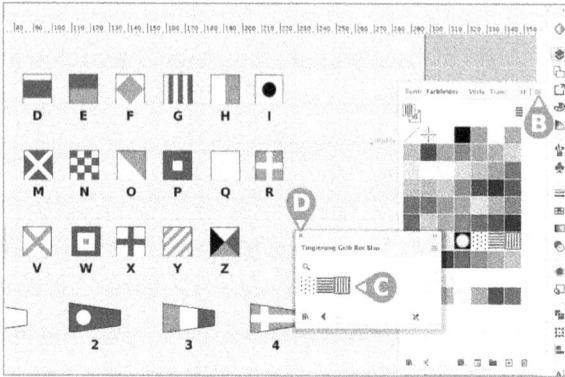

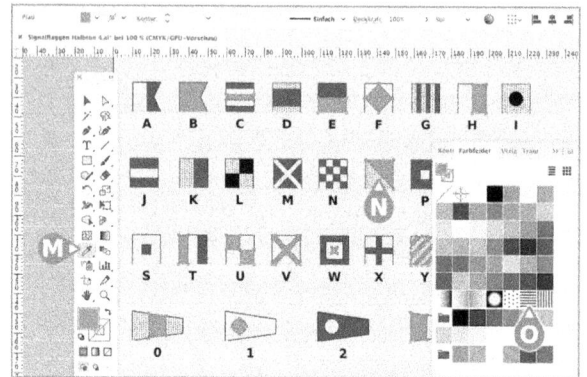

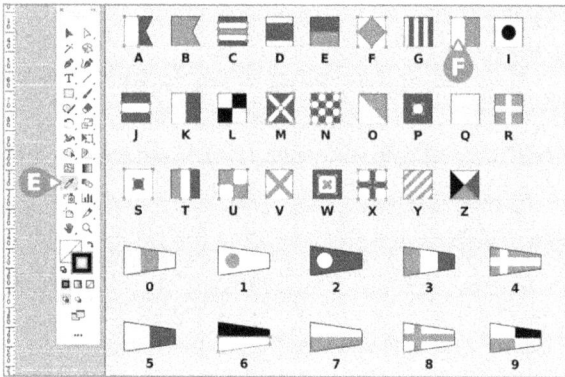

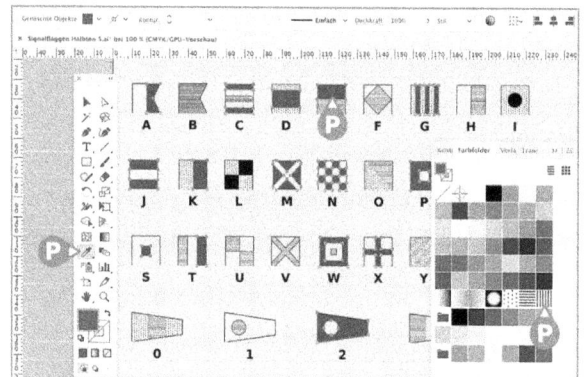

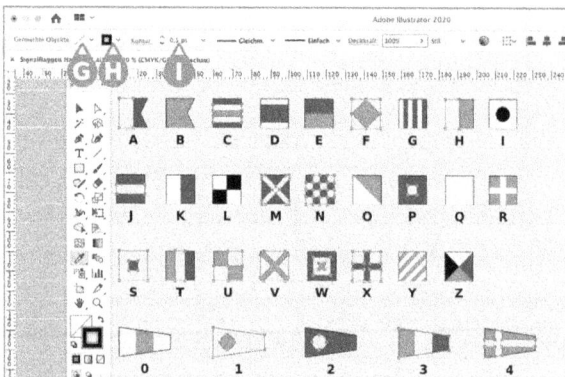

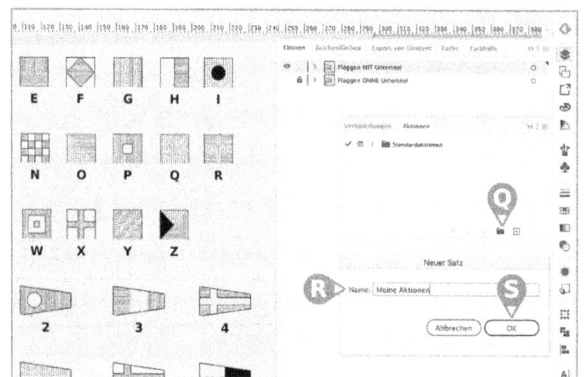

Im Folgenden arbeiten Sie nur mit der oberen Ebene und kopieren später die Flaggen in die untere Ebene.

08. Vorbereitung für den Einsatz der Muster

⬤ Öffnen Sie eine Kopie der Datei `Signalflaggen.ai`.

◀🅐 Entsperren und zeigen Sie die obere Ebene.

⬤ Rufen Sie den Menübefehl `Fenster > Farbfelder` auf …

◀🅑 um das Flyout-Menü `Farbfeldbibliothek öffnen > Benutzerdefiniert > Tingierung Gelb Rot Blau`.

🅒 Um die drei Muster in die Farbfelder zu übertragen, klicken Sie ein Muster nacheinander an.

🅓 Schließen Sie das Fenster `Tingierung Gelb Rot Blau` wieder.

Die Objekte, die mit der Farbe Weiß gefüllt sind, brauchen eine schwarze Kontur von 0,5 pt, um sich von den anderen Elementen abzusetzen und die Flächenfarbe ›Ohne‹.

09. Die Farbe Weiß durch Kontur ersetzen

◀🅔 Mit dem Werkzeug `Pipette` …

🅕 klicken Sie auf ein weißes Element und rufen den Menübefehl `Auswahl > Gleich > Flächenfarbe` auf.

◀🅖 Ändern Sie die Flächenfarbe von Weiß auf `Ohne`.

🅗 Als Konturfarbe wählen Sie `Schwarz` …

🅘 und als Konturstärke `0,5 pt`.

⬤ Wenn noch weiße Elemente zu sehen sind, dann wiederholen Sie Punkte E - H.

Das Ersetzen der drei Farben Gelb, Rot und Blau durch Muster kann mithilfe der Funktion ›Gleiche Flächenfarbe‹ schnell erledigt werden.

10. Gelb, Rot und Blau durch Muster ersetzen

◀🅙 Mit dem Werkzeug `Pipette` …

🅚 nehmen Sie aus einer Flagge die Farbe `Gelb` auf und rufen den Menübefehl `Auswahl > Gleich > Flächenfarbe` auf.

🅛 Ersetzen Sie im Fenster `Farbfelder` die Farbe `Gelb` durch das Muster `GELB_tin`.

⬤ Heben Sie die Auswahl durch Klick auf den Hintergrund auf.

◀🅜 Mit dem Werkzeug `Pipette` …

🅝 nehmen Sie die Farbe `Rot` auf und rufen `Auswahl > Gleich > Flächenfarbe` auf.

🅞 Ersetzen Sie für die Auswahl die Farbe `Rot` durch das Muster `ROT_tin`.

⬤ Heben Sie die Auswahl durch Klick auf den Hintergrund auf.

◀🅟 Wiederholen Sie Punkte M - O für die Farbe `Blau` und das Muster `BLAU_tin`.

Die Elemente mit dem Muster brauchen aus optischen Gründen eine Kontur. Um die Anzahl der Punkte klein zu halten, müssen die Objekte mit Kontur eigenständig (Kopien) sein.

🔲 Das Duplizieren der Elemente mit Muster muss für jede Flagge einzeln ausgeführt werden. Darum erstellen Sie dafür eine ▷Aktion im Illustrator

11. Eine Aktion vorbereiten

⬤ Rufen Sie den Menübefehl `Fenster > Aktionen` auf.

◀🅠 Um einen Satz von Aktionen anzulegen, klicken sie auf das `Order - Symbol`.

🅡 Geben Sie dem neuen Satz den Namen `Meine Aktionen` …

🅢 und klicken auf `OK`.

⬤ Wählen Sie `Schwarz` als Farbe für Kontur.

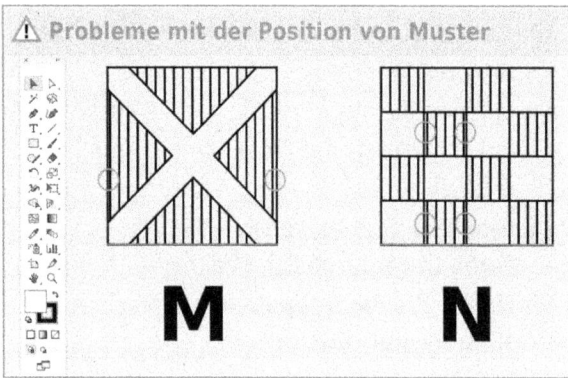

Probleme mit der Position von Muster

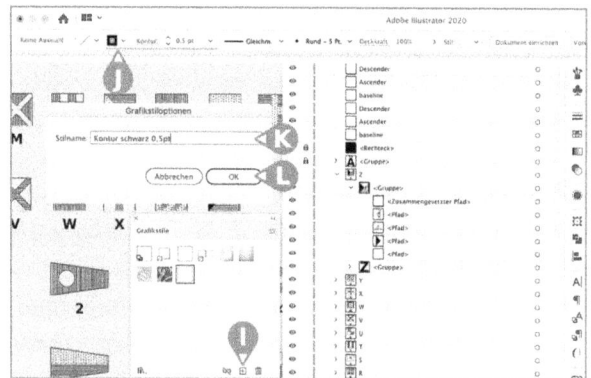

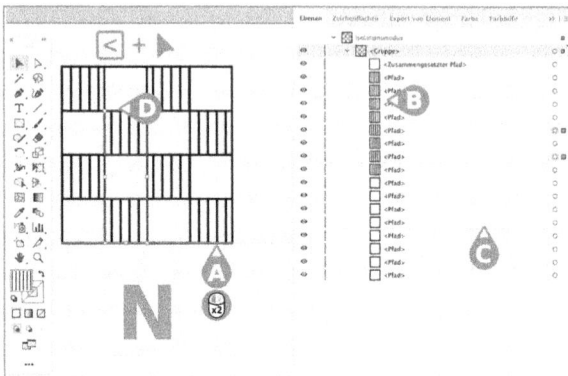

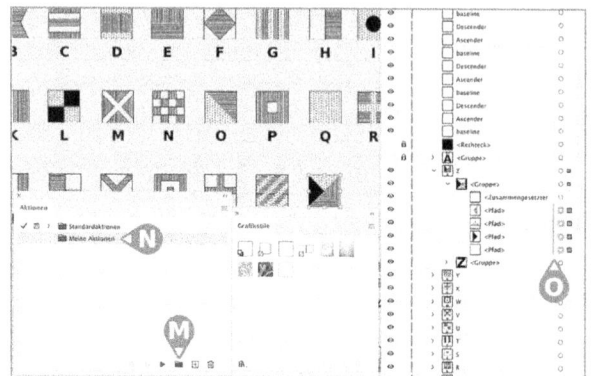

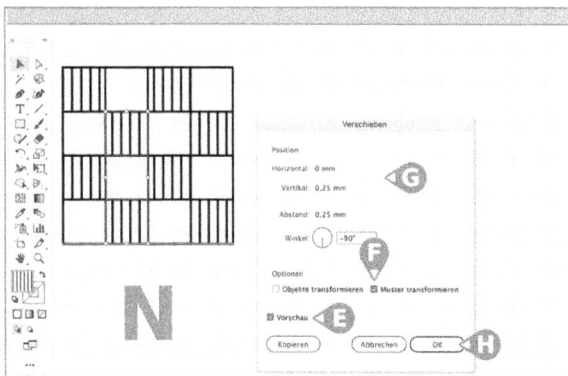

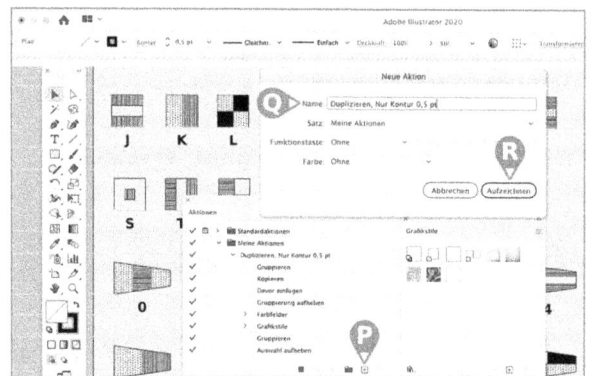

Ergebnis mit verschobenen Mustern

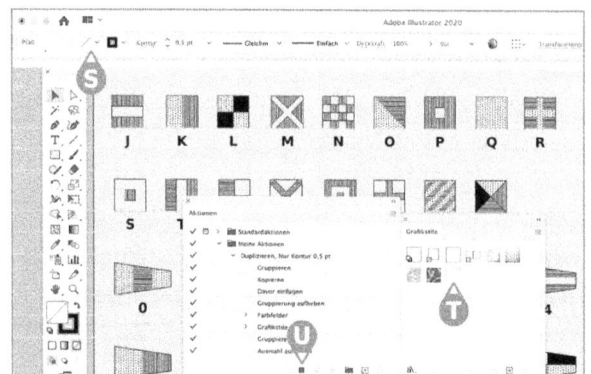

⚠ Bevor Sie die erste Aktion erstellen, werfen Sie mit 600 oder 800 % Prozent einen Blick auf die Position der Muster. Dabei werden Sie feststellen, dass die Lage nicht immer optimal ist. Die Striche eines Musters sind vielleicht zu dicht an den (Außen-)kanten, siehe rote Kreise. Das kommt daher, dass der Illustrator die Muster nicht relativ zum Objekt einfügt. Sie müssen die Muster bei manchen Elementen manuell etwas verschieben.

12. Zwei Methoden zum Muster verschieben

◀ Ⓐ Machen Sie Doppelklick auf ein Muster, das eine Korrektur braucht.

Ⓑ Im Isolationsmodus können Sie …

Ⓒ Elemente mit gleichen Mustern mit `[cmd]`-`Taste` gemeinsam auswählen.

Ⓓ Bei gedrückter `[<]`-`Taste` (Kleiner-Symbol) verschieben Sie das Muster in eine bessere Position.

🦉 Alternativ zu Punkt D rufen Sie `Objekt >` `Transformieren > Verschieben…` auf.

◀ Ⓔ Aktivieren Sie `Vorschau` und …

Ⓕ ebenso `Muster transformieren`.

Ⓖ Mit numerischen Eingaben für `Horizontal` und/oder `Vertikal` können Sie das Muster verschieben und …

Ⓗ mit `OK` den Dialog bestätigen.

⬤ Um den Isolationsmodus zu verlassen, machen Sie einen Doppelklick auf den grauen Hintergrund.

🦉 Punkte A - H wiederholen Sie für alle Elemente mit Mustern der Flaggen in der Ebene `Flaggen MIT…`, so weit dies nötig ist. Achten Sie auch darauf, so weit es geht, dass die Punkte von Muster GELB_tin nicht von Kanten beschnitten werden.

Damit sind alle nötigen Vorbereitungen abgeschlossen.

13. Die erste Aktion erstellen

⬤ Rufen Sie den Menübefehl `Fenster > Gra-` `fikstile` auf.

◀ Ⓘ Wählen Sie als Flächenfarbe `Ohne`, als Konturfarbe `Schwarz` und als Stärke `0,5 pt`.

Ⓙ Um den eben erstellten neuen Grafikstil zu sichern, klicken Sie auf das `Plus-Symbol`.

Ⓚ Geben Sie als Namen `Kontur schwarz` `0,5 pt` ein …

Ⓛ und bestätigen dies mit `OK`.

⬤ Rufen Sie `Fenster > Aktionen` auf.

◀ Ⓜ Um einen eigenen Satz (Ordner) für Aktionen anzulegen, klicken Sie auf das `Ordner-Sym-` `bol` …

Ⓝ und benennen diese `Meine Aktionen`.

Ⓞ Öffnen Sie die Gruppe einer Flagge und aktivieren Sie mit gedrückter `[cmd]`-`Taste` nur die Elemente, die ein Muster ohne Kontur haben.

◀ Ⓟ Für eine neue Aktion klicken Sie im Fenster `Aktionen` auf das `Plus-Symbol`.

Ⓠ Benennen Sie die neue Aktion `Duplizie-` `ren, Nur Kontur 0,5 pt` …

Ⓡ und klicken Sie auf `Aufzeichnen`.

⬤ Rufen Sie `Objekt > Gruppieren` auf und zum Duplizieren drücken Sie die Tasten `[cmd][C]` und dann `[cmd][F]` auf.

⬤ Rufen Sie `Objekt >` `Gruppierung auf-` `heben`.

◀ Ⓢ Setzen Sie die Flächenfarbe auf `Ohne` …

Ⓣ und klicken Sie den Grafikstil `Kontur` `schwarz 0,5 pt` an.

⬤ Rufen Sie `Objekt > Gruppieren` und

⬤ `Auswahl > Auswahl aufheben` auf.

Ⓤ Beenden Sie die Aufzeichnung mit Klick auf das `Stopp-Symbol`.

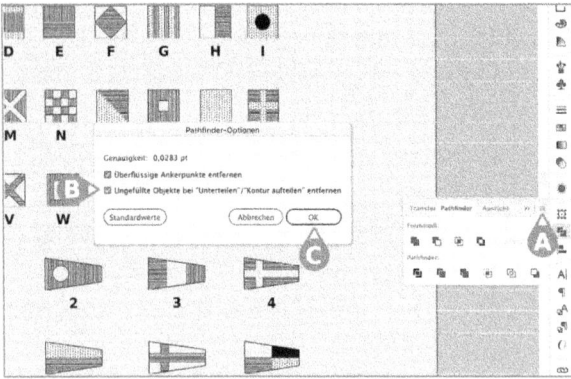

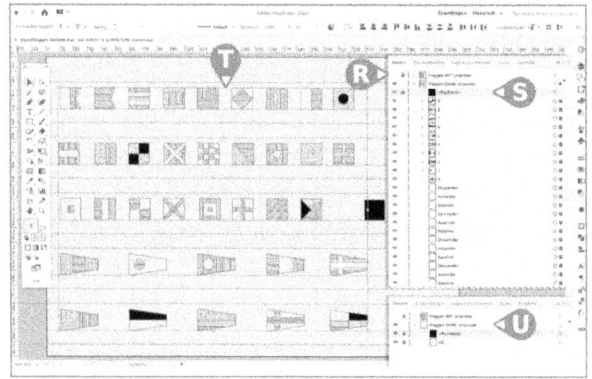

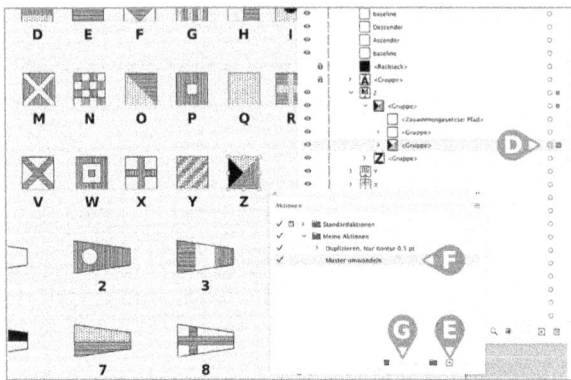

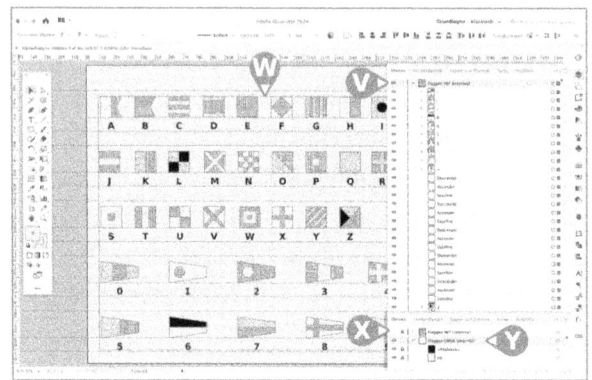

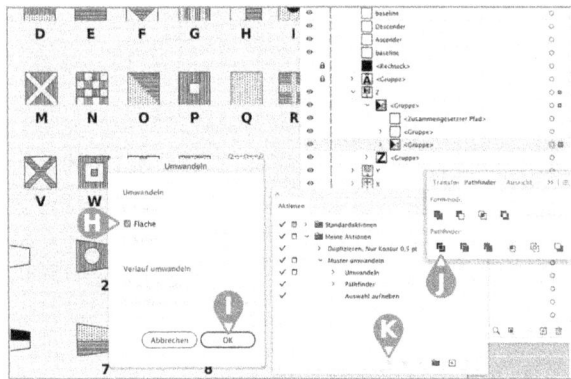

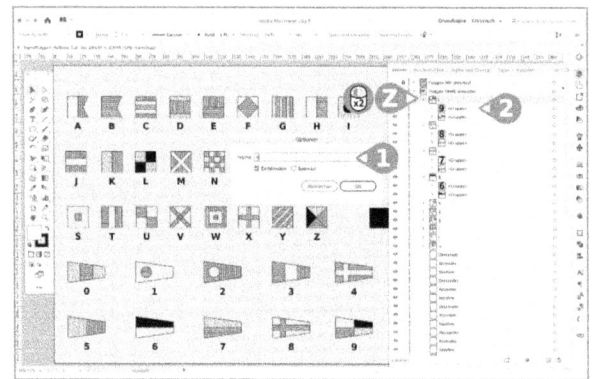

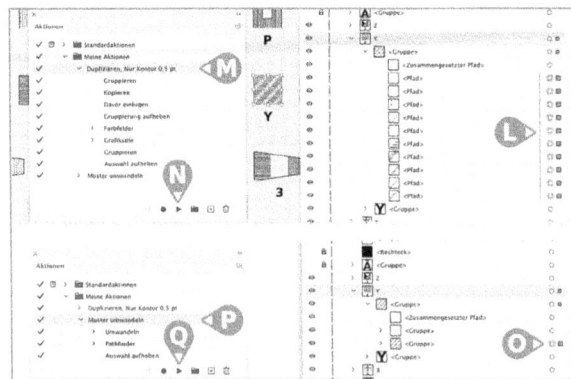

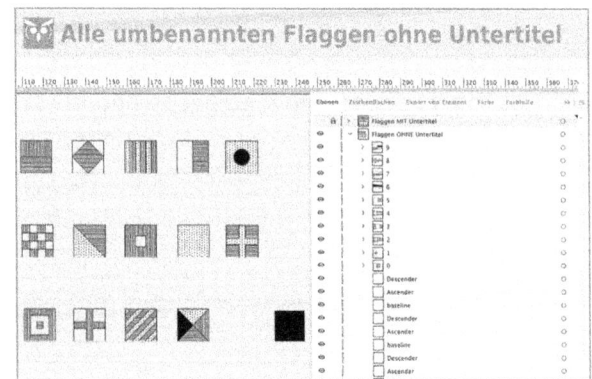

⚠ Muster können von `Fontself` nicht direkt verarbeitet werden; Sie werden so nur schwarze Bereiche sehen. Also müssen Sie die Muster in unabhängige Punkte und Striche umwandeln.

14. Eine zweiten Aktion für die Umwandlung

⚫ Rufen Sie `Fenster > Pathfinder` auf ...

◀Ⓐ und rufen Sie das Flyout-Menü `Pathfin-der-Optionen` auf.

Ⓑ Setzen Sie den Haken für `Ungefüllte Objekte bei Unterteilen/Kontur auftei-len/entfernen` und ...

Ⓒ Bestätigen Sie den Dialog mit `OK`.

◀Ⓓ Wählen Sie im Fenster `Ebenen` in einer Flagge die Untergruppe mit den Elementen aus, die nur aus Mustern bestehen.

Ⓔ Im Fenster `Aktionen` klicken Sie für eine neue Aktion auf das `Plus-Symbol`.

Ⓕ Benennen Sie die neue Aktion `Muster um-wandeln` und ...

Ⓖ klicken Sie auf `Aufzeichnen`.

⚫ Rufen Sie den Menübefehl `Objekte > Um-wandeln...` auf.

◀Ⓗ Setzen Sie den Haken für `Fläche` und ...

Ⓘ bestätigen Sie den Dialog mit `OK`.

Ⓙ Im Fenster `Pathfinder` klicken Sie auf `Flächen aufteilen`.

Ⓚ Beenden Sie die Aufzeichnung mit Klick auf das `Stopp-Symbol`.

◀Ⓛ Aktivieren Sie in der nächsten Flagge mit gedrückter `[cmd]-Taste` alle Muster-Elementen ohne Kontur.

Ⓜ Wählen Sie die Aktion `Duplizieren, Nur Kontur 0,5 pt` aus und ...

Ⓝ klicken Sie auf `Aktion abspielen`.

Ⓞ Nach der ersten Aktion aktivieren Sie die untere Gruppe mit den Musterelementen.

Ⓟ Wählen Sie die Aktion `Muster umwandeln`.

Ⓠ Klicken Sie auf `Aktion abspielen`.

▨ Schritt L -Q führen Sie nacheinander für alle Flaggen in der oberen Ebene aus, was durch die Aktionen schnell geht.

Jetzt sind alle Flaggen der oberen Ebene umgewandelt. Nun müssen Sie diese in die andere Ebene kopieren und die Untertitel entfernen.

15. Ebene duplizieren und Untertitel entfernen

◀Ⓡ Schützen Sie die Ebene `Flaggen MIT` ... und machen Sie sie unsichtbar.

Ⓢ In der anderen Ebene `Flaggen OHNE` ... schützen Sie nur das `70 %-Quadrat` und den grauen `Hintergrund`.

Ⓣ Aktivieren Sie alle Objekte mit dem Menübefehl `Auswahl > Alles auswählen` und rufen `Bearbeiten > Löschen` auf.

Ⓤ Es bleiben nur das `Quadrat` und der `Hintergrund` übrig.

◀Ⓥ Machen Sie die obere Ebene sichtbar und editierbar.

Ⓦ Aktivieren Sie alle Objekte mit dem Menübefehl `Auswahl > Alles auswählen` und kopieren Sie diese mit `[cmd][C]`.

Ⓧ Schützen und verbergen Sie die obere Ebene wieder.

Ⓨ Wechseln Sie in die untere Ebene und rufen den Menübefehl `Bearbeiten > An Orgi-nalposition einfügen` auf.

◀Ⓩ Im Fenster `Ebenen` öffnen Sie die Gruppe einer Flagge und machen Sie einen Doppelklick auf den Namen einer Flagge.

❶ Zum Benennen tragen Sie im folgenden Dialog eine Zahl `0 - 9` oder einen Kleinbuchstaben `a - z` ein und bestätigen Sie dies mit `OK`.

❷ Löschen Sie die Gruppe des Untertitels und schließen die Gruppe der Flagge.

▨ Wiederholen Sie Schritt Z - 2 für alle Flaggen in der unteren Ebene.

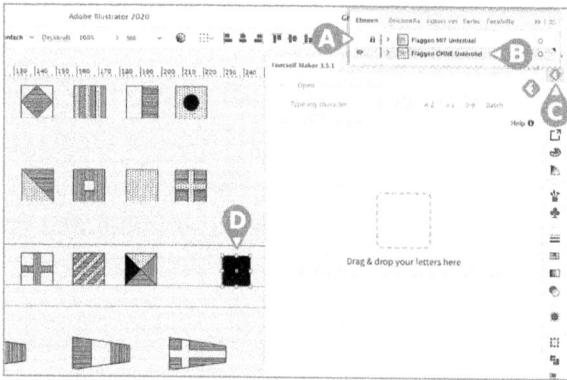

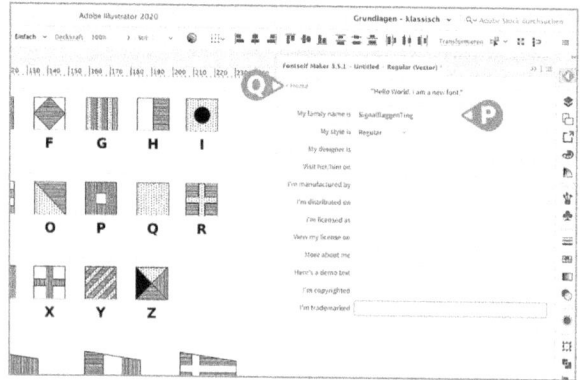

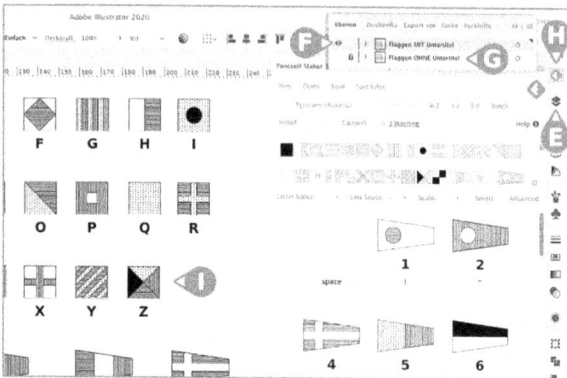

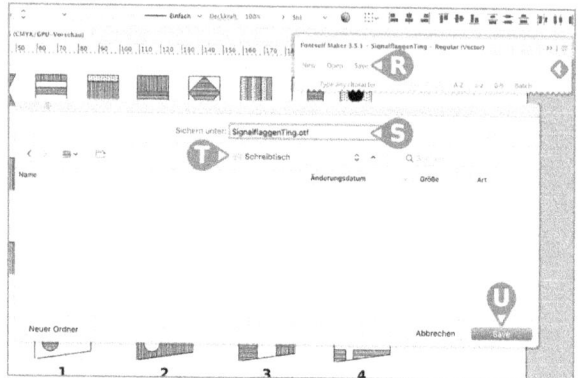

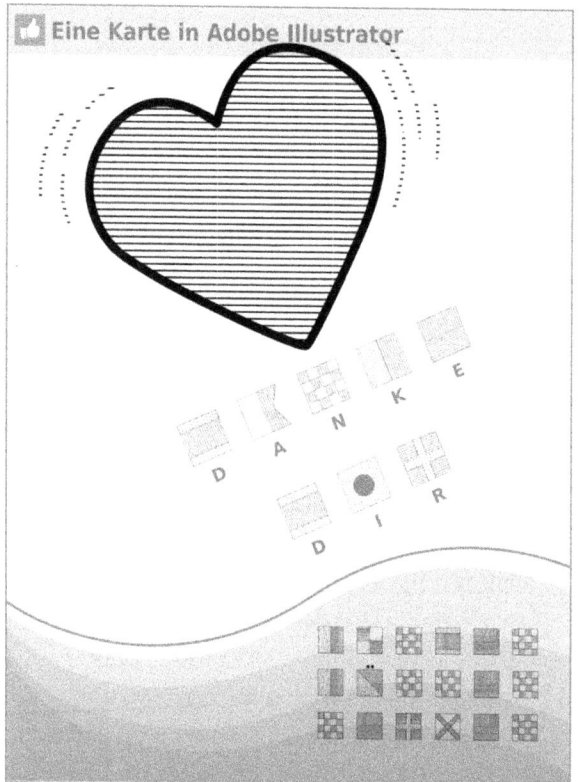

Eine Karte in Adobe Illustrator

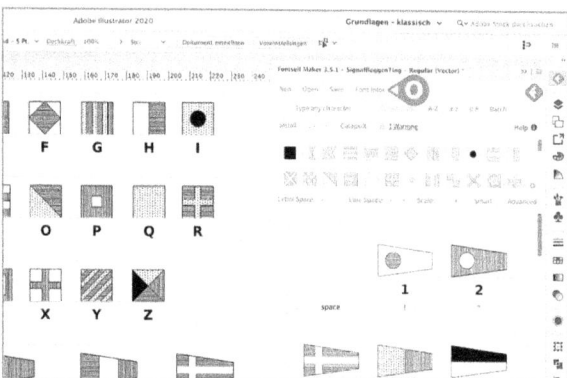

16. Symbole zu Zeichensatz machen

(A) Sperren Sie die Ebene `Flaggen MIT …` und machen sie unsichtbar.

(B) Machen Sie die Ebene `Flaggen OHNE …` sichtbar und entsperren Sie diese.

(C) Öffnen Sie das Fenster `Fontself`.

(D) Ziehen Sie das `70 %-Quadrat` mit den drei Hilfslinien in das Fenster `Fontself`.

● Ziehen Sie je eine der drei Reihen von Flaggen mit den drei Hilfslinien nach einander in das Fenster `Fontself`.

(E) Wechseln Sie ins `Fenster > Ebenen`.

(F) Entsperren Sie die Ebene `Flaggen MIT …` und machen sie sichtbar.

(G) Machen Sie die Ebene `Flaggen OHNE …` unsichtbar und sperren Sie diese.

(H) Öffnen Sie das Fenster `Fontself`.

(I) Ziehen Sie je eine der drei Reihen von Flaggen mit den drei Hilfslinien nach einander in das Fenster `Fontself`.

Da nun alle Flaggen im Fenster `Fontself` sind, werden Sie wie vorher bei den Farbigen den Abstand der Flaggen vergrößern.

17. Abstand aller Symbole verändern

(J) Klicken Sie im Fenster `Fontself` auf die Schaltfläche `Advanced`.

(K) Klicken Sie auf `Reset`.

(L) Ändern Sie den Abstand von `50` auf `200`.

(M) Um die Eingabe zu bestätigen, klicken sie auf `Set Space`.

(N) Für die Rückkehr ins Hauptfenster von Fontself, klicken Sie auf `Home`.

18. Datei und Zeichensatz speichern

● Speichern Sie die Illustrator-Datei auf den `Schreibtisch` als `SignalflaggenTing`.

(O) Um dem Zeichensatz einen Namen zu geben, klicken Sie auf `Font Infos`.

(P) Tragen Sie als Namen `SignalflaggenTing` ein.

(Q) Klicken Sie auf `Home`.

(R) Um den Zeichensatz zu speichern, klicken Sie auf `Save`.

(S) Belassen Sie den Namen der Datei.

(T) Wählen Sie als Speicherort `Schreibtisch`.

(U) Bestätigen Sie den Dialog mit `Save`.

Wie Sie den Zeichensatz für Ihr Betriebssystem installieren, erfahren Sie im Anhang B.

Herzlichen Glückwunsch

👍 Sie haben die Signalflaggen mit Tingierung mit Hilfe von zwei Aktionen erstellt, die die Umwandelungen der Flaggen beschleunigt haben.

Die Junior-Grafikerin Gabi erstellt mit dem neuen Zeichensatz eine private Dankeskarte für Klaus, das Ergebnis sehen Sie links, die eine geheime Botschaft enthält. Hoffentlich fällt diese dem Chef wegen die geheime Botschaft nicht in die Hände.

Im nächsten Projekt geht es um einen Zeichensatz, der eine typische Nadeldruckerschrift aus den 1970er Jahre darstellt.

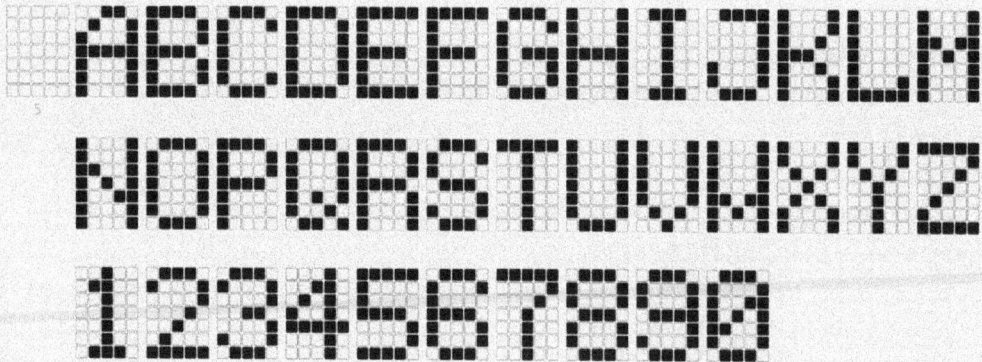

Buchstaben in einem 7x5-Raster

❶

❷

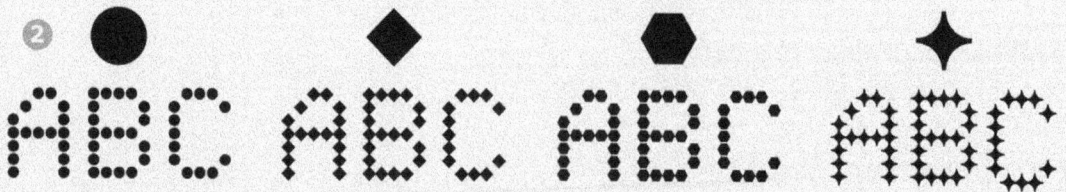

Einen Font wie von einem Nadeldrucker entwickeln

(?)(!) Freitagmorgen im Grafikbüro kommt der alte Chef zu Gabi, der Junior-Grafikerin mit Erfahrung.

»Guten Morgen, Gabi. Gestern, am Feiertag, hat mein Neffe meine alten ▷Acht-Bit-Computer entdeckt und will damit einen ▷Computerclub eröffnen. Er braucht eine typische ▷Nadeldruckerschrift aus den 1970er Jahre.« Sprach's und verließ schon wieder ihr Büro.

Etwas verdutzt liest Gabi bei Wikipedia über ▷Nadeldrucker nach und erfährt, dass diese die Ausgabegeräte waren, bevor ▷Tintenstrahldrucker und ▷Laserdrucker erschwinglich wurden. Die ersten Nadeldrucker arbeiteten mit 7 Nadeln, die auf ein schwarzes Farbband schlugen, um Farbe auf das Papier zu bringen. Später gab es auch welche mit bis zu 48 Nadeln.

Gabi sucht Klaus für Tipps auf.

»Ach, Nadeldrucker«, gerät Klaus sofort ins Schwärmen und überschüttet Gabi mit einer Vielzahl von Produktnamen wie ›Epson MX-80‹ oder ›Star LC-10‹.

»Wie wurden denn mit nur 7 Nadeln Buchstaben gedruckt?«, fragt Gabi ungeduldig.

»Jedes Zeichen bestand aus 7 Zeilen und 5 Spalten, also eine ▷7x5-Matrix oder -Raster.«

»Und damit kann man jedes Zeichen darstellen?«, will Gabi weiter wissen.

»Fast jedes Zeichen«, erklärt Klaus. »In diesem kleinen Raster gab es keine Unterlängen, sodass die kleinen Buchstaben wie ›g‹, ›p‹ und ›q‹ immer verrutscht aussahen und das Lesen der Texte erschwerten. Wenn du auf diesem Raster einen Zeichensatz erstellen willst, dann lass einfach die kleinen Buchstaben weg.«

»Muss ich noch was wissen?«

»Vieles. Zum Beispiel, das in einem Zeichensatz, der auf einem solchen Raster basiert, jeder Buchstabe wie ›I‹ und ›M‹ die gleiche Breite hat. Daher nennt man diese Zeichensätze auch ▷Monospaced Fonts. Einen solchen mit den Namen ›Courier‹ findest du auf deinem Computer.«

ℹ️ »Ok, dann zeichne ich mir also einfach eine
① 7x5-Matrx auf und fülle die Kästchen mit schwarzer Farbe, die zu einem Buchstaben gehören«, frag Gabi zur Sicherheit nach.

»Ja. Und jetzt gebe ich dir einen ganz heißen Tipp«, sagt Klaus verschwörerisch, »nutze für die Kästchen im Illustrator ▷Symbole, dann kannst du diese später sehr leicht gegen andere,
② ähnlich große Symbole austauschen, und hast mit ein paar Klicks einen Zeichensatz auf Basis von gefüllten Kreisen oder anderen Formen.«

Gabi dankt Klaus für diese Idee und macht sich mit den neuen Informationen an die interessante Herausforderung.

👣 **So erstellen Sie einen eigenen Font:**

01. Vorbereitungen
02. Rechtecke in Symbole umwandeln
03. Die 7x5-Matrix erschaffen
04. Raster für die Buchstaben erstellen
05. Ebene schützen und eine Neue anlegen
06. Den Buchstaben A erstellen

07. Erstellte Zeichen gruppieren und benennen
08. Ergänzungen und Dokument speichern
09. Die Verknüpfung zu den Symbolen löschen
10. Den Zeichensatz erstellen und anpassen
11. Den Zeichensatz sichern
12. Das Symbol ersetzen

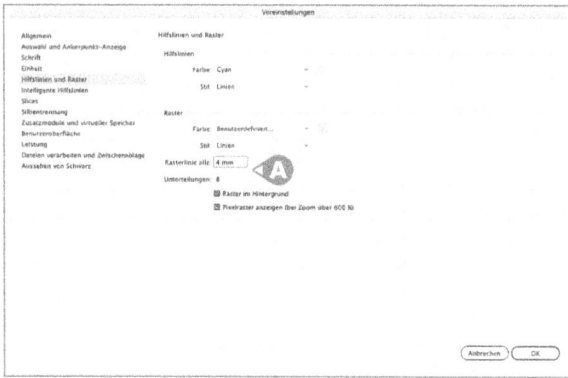

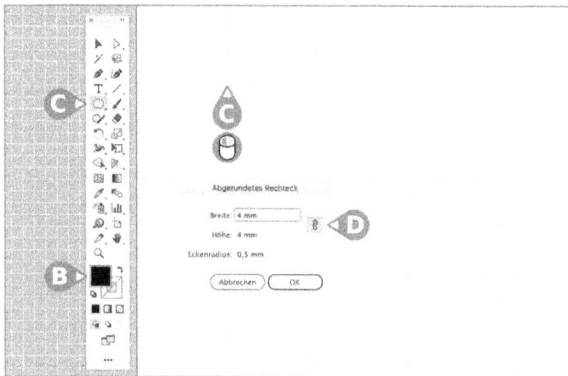

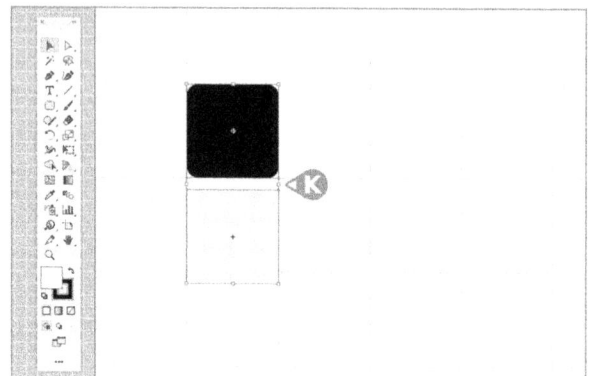

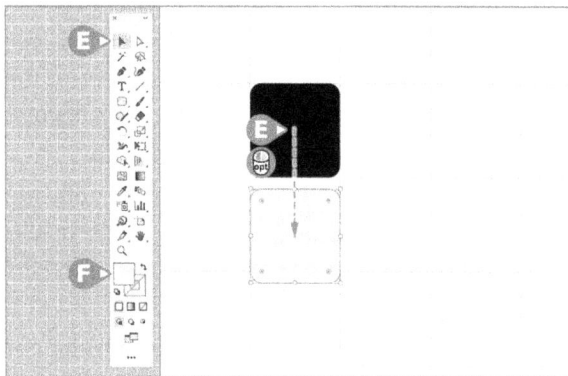

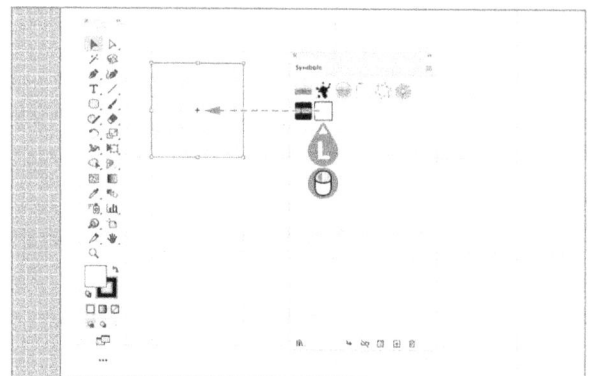

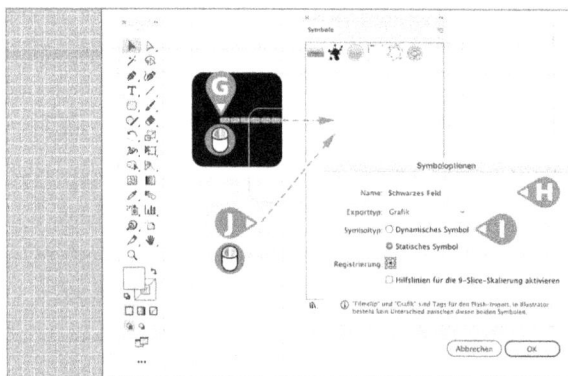

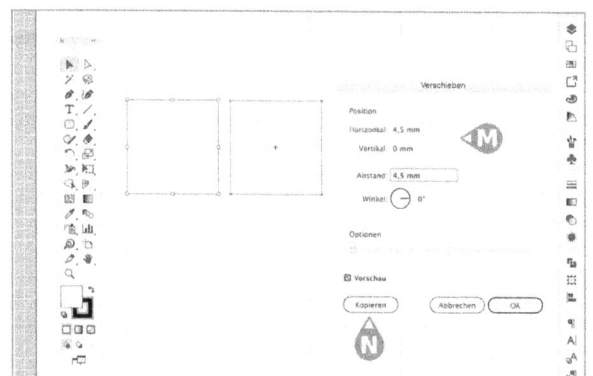

Projekt 07:
Wie Sie einen Matrix-Font erstellen und schnell verändern können

⌛ ⌛

👣 Auf Basis einer 7x5-Matrix werden Sie einen Zeichensatz erstellen, wie er früher bei Nadeldruckern verwendet wurde oder heute bei Lauflicht-LED-Anzeigen eingesetzt wird. Um die Art der gesetzten Punkte nach Erstellung der Buchstaben ändern zu können, werden Sie mit Symbolen arbeiten, die nachträglich mit ähnlich großen Symbole ersetzt werden können.

01. Vorbereitungen
● Erstellen Sie ein A3-Dokument, quer.
◀Ⓐ Da die Punkte, die die Buchstaben bilden, 4 mm groß sein sollen, stellen Sie ein passendes Raster mit Illustrator > Voreinstellungen > Hilfslinien und Raster mit Rasterlinie alle 4 mm und 8 Unterteilungen ein.
◀Ⓑ Wählen Sie Schwarz als Flächenfarbe und Ohne als Kontur.
Ⓒ Um ein abgerundetes Rechteck zu erstellen, klicken Sie mit dem gleichnamigen Werkzeug in das Dokument.
Ⓓ Tragen Sie für Breite und Höhe je 4 mm und für den Eckenradius 0,5 mm ein.
◀Ⓔ Um eine Kopie des Rechtecks zu erhalten, ziehen Sie es mit gedrückter [opt]-Taste nach unten.
Ⓕ Ändern Sie für das neue Rechteck die Flächenfarbe in ein helles Grau.

Die zwei Rechtecke werden Sie nun in Symbole umwandeln, um sie später leicht durch andere Symbole ersetzen zu können.

02. Rechtecke in Symbole umwandeln
● Öffnen Sie das Fenster > Symbole und ...
◀Ⓖ ziehen das schwarze Rechteck hinein.
Ⓗ Benennen Sie es mit Schwarzes Feld.
Ⓘ Wechseln Sie für den Exporttyp auf Grafik, für Symboltyp auf Statisches Symbol; weiter mit OK.
Ⓙ Wiederholen Sie Punkte G - I mit dem hellgrauen Rechteck.

ℹ️ Durch das Hineinziehen der Rechtecke wurden diese in Symbole verwandelt. Ein Symbol im Illustrator erkennen Sie ...
❶ an der veränderten Zeile über dem Dokument, das mit dem Wort Symbol beginnt und ...
❷ am kleinen Plus-Symbol, das den Ankerpunkt des Symbols anzeigt.
⚠️ Achten Sie bei den kommenden Schritten darauf, dass ihre Symbole sich nicht in normale Objekte zurückverwandeln.

Nach dem Löschen beider Rechtecke im Dokument werden Sie mit dem hellgrauen Symbol die 7x5-Matrix aufbauen.

03. Die 7x5-Matrix erschaffen
◀Ⓚ Wählen Sie die beiden Rechtecke im Dokument aus und rufen Sie Bearbeiten > Löschen auf.
◀Ⓛ Ziehen Sie aus dem Fenster > Symbole das hellgraue Feld in das Dokument.
● Um vier horizontale Kopien davon zu erstellen, rufen Sie Objekt > Transformieren > Verschieben auf, ...
◀Ⓜ tragen als Position Horizontal den Wert 4,5 mm und Vertikal 0 mm ein und ...
Ⓝ klicken Sie auf Kopieren.
● Um diese Verschiebung zu wiederholen, rufen Sie dreimal Objekt > Transformieren > Erneut transformieren auf.
● Machen Sie aus den fünf Feldern eine Gruppe mit Objekt > Gruppieren.

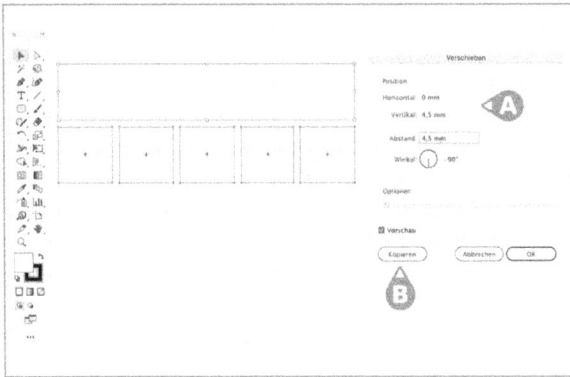

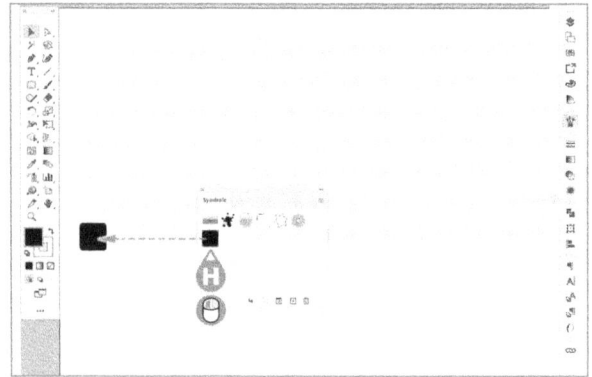

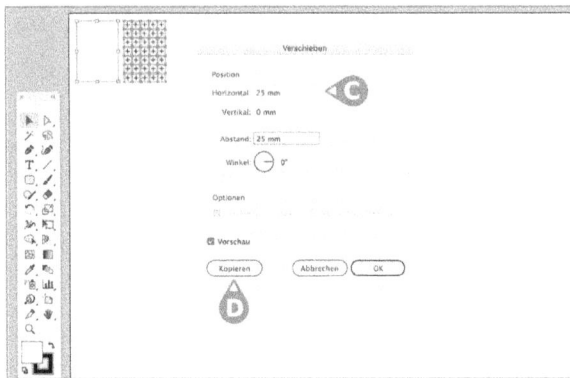

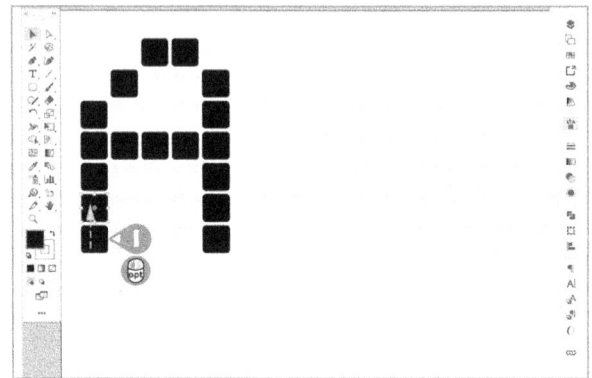

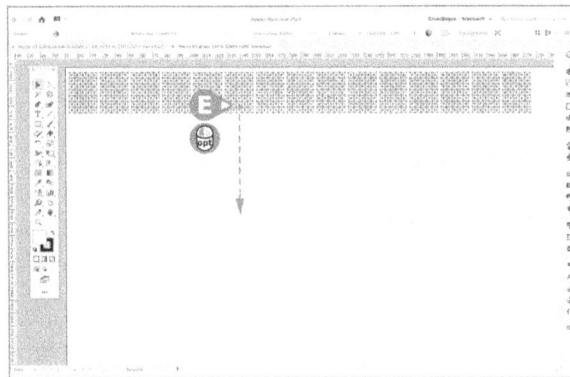

Buchstaben und Zahlen in dem 7x5-Raster

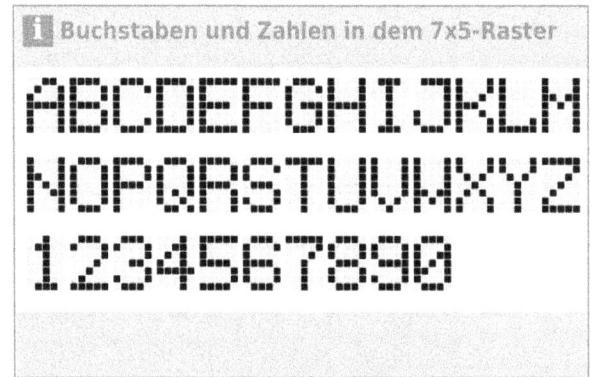

ABCDEFGHIJKLM
NOPQRSTUVWXYZ
1234567890

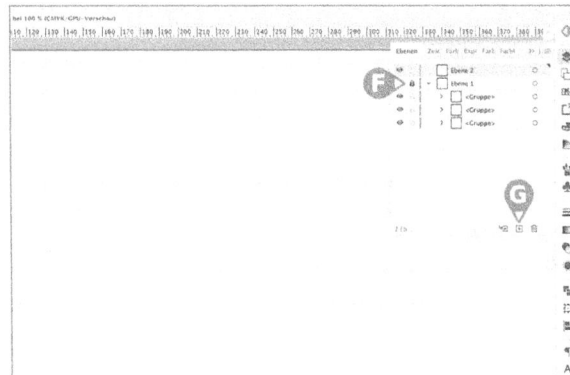

● Um sechs vertikale Kopien der Gruppe zu erstellen, rufen Sie `Objekt > Transformieren > Verschieben` auf, ...

◀ Ⓐ tragen als `Position Horizontal` den Wert `0 mm` und `Vertikal 4,5 mm` ein und ...

Ⓑ klicken auf `Kopieren`.

● Um diese Verschiebung zu wiederholen, rufen Sie fünfmal `Objekt > Transformieren > Erneut transformieren` auf.

● Machen Sie aus den sieben Reihen eine Gruppe mit `Objekt > Gruppieren`.

Für einen Buchstaben haben Sie das Raster erstellt. Sie brauchen es mindestens 36-mal für die Zeichen ›A‹ bis ›Z‹ und ›0‹ bis ›9‹.

04. Raster für die Buchstaben erstellen

● Um vierzehn horizontale Kopien des Rasters zu erstellen, rufen Sie `Objekt > Transformieren > Verschieben` auf, ...

◀ Ⓒ tragen als `Position Horizontal` den Wert `25 mm` und `Vertikal 0mm` ein und ...

Ⓓ klicken auf `Kopieren`.

● Um diese Verschiebung zu wiederholen, rufen Sie 13-mal `Objekt > Transformieren > Erneut transformieren` auf.

● Machen Sie aus den fünfzehn Kopien eine Gruppe mit `Objekt > Gruppieren`.

◀ Ⓔ Um eine Kopie der fünfzehn Raster zu erstellen, ziehen Sie diese mit gedrückter `[opt]`-`Taste` nach unten und wiederholen dies, um eine dritte Reihe zu bekommen.

Die Ebene der hellen Raster schützen Sie. Legen Sie eine Neue an und arbeiten auf dieser weiter.

05. Ebene schützen und eine Neue anlegen

◀ Ⓕ Im `Fenster > Ebenen` schützen Sie `Ebene 1` mit dem `Schloss`.

Ⓖ Für eine neue Ebene klicken Sie auf das `Plus-Symbol`.

Die Vorbereitungen sind abgeschlossen. Nun nutzen Sie das Symbol `Schwarzes Feld` um die Buchstaben und Ziffern zu erstellen. Für den Buchstaben ›A‹ gehen Sie so vor:

06. Den Buchstaben A erstellen

● Damit die schwarzen Felder genau auf den grauen Felder zu liegen kommen, aktivieren Sie einfach `Ansicht > An Punkt ausrichten`.

◀ Ⓗ Ziehen Sie aus dem `Fenster > Symbole` das Symbol `Schwarzes Feld` deckungsgleich auf ein `hellgraues Kästchen`.

◀ Ⓘ Um das `schwarze Feld` an anderen Positionen zu kopieren, ziehen Sie es mit gedrückter `[opt]`-`Taste` exakt auf ein anderes `hellgraues Kästchen`.

ℹ️ Die Verteilung der Punkte der Buchstaben ›B‹ bis ›Z‹ und der Ziffern sehen Sie links in der Infografik. Um den Prozess der Erstellung zu beschleunigen, können Sie mehr als ein schwarzes Feld mit gedrückter `[opt]`-`Taste` kopieren und verschieben.

✠ Nutzen Sie auch die Ähnlichkeit von Buchstaben wie ›B‹ und ›P‹ oder ›E‹ und ›F‹ aus.

Haben Sie alle Buchstaben und Ziffern erstellt, dann fassen Sie die schwarzen Felder jeweils eines Zeichens als Gruppe zusammen und geben dieser Gruppe den Namen des Zeichens.

07. Erstellte Zeichen gruppieren und benennen

◀ Ⓙ Wählen Sie alle schwarzen Felder eines Zeichens auf und gruppieren die Auswahl mit `Objekt > Gruppieren`.

Ⓚ Geben Sie im `Fenster > Ebenen` den Gruppen den passenden Namen.

Als Nächstes speichern Sie das Dokument und erstellen den Zeichensatz.

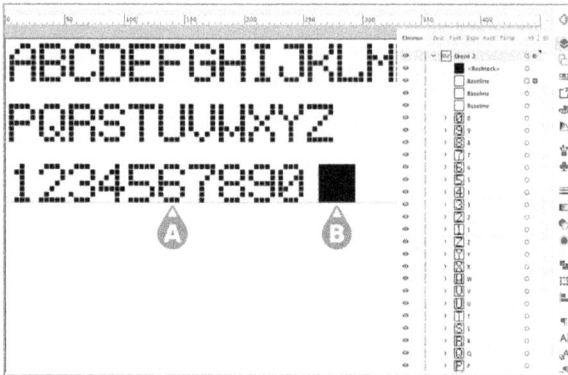

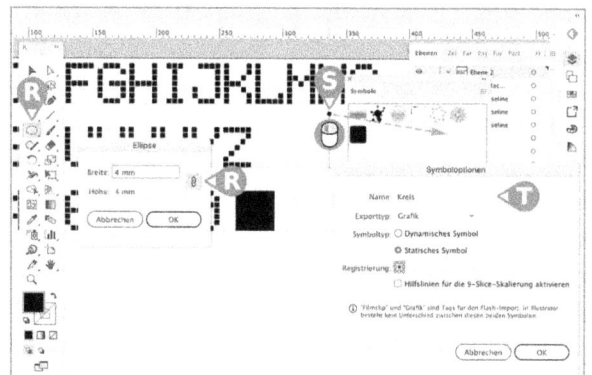

08. Ergänzungen und Dokument speichern

◀ **(A)** Ziehen Sie unten an jede Reihe eine `Hilfs-linie` und nennen Sie `Baseline`.

(B) Zeichnen Sie auf einer der Hilfslinien ein `schwarzes Quadrat` (70 %-Quadrat) mit der Höhe von `31 mm`, was genau der Höhe der erstellten Zeichen entspricht.

(●) Zur Bewahrung der Konstruktion sichern Sie mit `Datei > Speichern als Kopie` diese als `Maxtrix-Font-Konstrukt.ai`.

(●) Speichern Sie die aktuelle Datei mit `Datei > Speichern` als `Matrix-Font1.ai`.

Die auf den Symbolen basierenden Zeichen, können nicht direkt von `Fontself` in einen Zeichensatz umgewandelt werden.

09. Die Verknüpfung zu den Symbolen löschen

◀ **(C)** Wählen Sie alle Zeichen aus und …

(D) klicken Sie über dem Dokument auf die Schaltfläche `Verknüpfungen löschen`.

10. Den Zeichensatz erstellen und anpassen

◀ **(E)** Ziehen Sie das `schwarze Quadrat` mit der `Baseline` in das Fenster von `Fontself`.

(F) Wählen Sie alle Zeichen einer Reihe aus und ziehen diese mit der `Baseline` nach `Fontself`. Wiederholen Sie es für die beiden anderen Reihen.

(G) Um die Abstände zwischen den Zeichen zu verändern, klicken Sie auf `Advanced`.

◀ **(H)** Da jedes Zeichen die gleiche Breite haben muss, klicken Sie auf `Mono`.

(I) Geben als neue Zeichenbreite den Wert `717`, der sich aus der Breite 597 + (2* 60), den erweiterten Abständen, zusammensetzt.

(J) Bestätigen Sie die Änderung mit Klick auf `Mono Space`.

(K) Zurück in die Übersicht von `Fontself` kommen Sie mit einem Klick auf `Home`.

11. Den Zeichensatz sichern

(●) Für den Namen klicken Sie auf `Font Info`.

◀ **(L)** Tragen Sie als Namen `Matrix-Font1` ein.

(M) Zurück kommen Sie mit `Home`.

◀ **(N)** Zum Speichern klicken Sie auf `Save`.

(O) Lassen den Namen unverändert und …

(P) wählen den `Schreibtisch` aus.

(Q) Bestätigen Sie dies mit Klick auf `Save`.

Wie Sie den Zeichensatz für Ihr Betriebssystem installieren, erfahren Sie im Anhang B.

Wenn Sie eine zweite Fassung mit einem anderen Symbol wünschen, dann öffnen Sie die vorherige Datei und folgen den nächsten Schritten.

12. Das Symbol ersetzen

(●) Öffnen Sie die Illustrator-Datei `Maxtrix-Font-Konstrukt.ai`.

◀ **(R)** Zeichnen Sie einen `schwarzen Kreis` mit 4 mm Durchmesser, …

(S) ziehen diesen in `Fenster > Symbole`,…

(T) geben ihm den Namen `Kreis`, als `Grafik` und `Statisches Symbol`.

◀ **(U)** Wählen Sie in `Symbole` den `Kreis` aus.

(V) Aktivieren Sie alle Zeichen, die das schwarze Feld enthalten.

(W) Wählen Sie aus dem Flyout-Menü den Befehl `Symbol ersetzen`.

(●) Geben Sie dieser Datei einen neuen Namen und machen ab Schritt 09 weiter.

Herzlichen Glückwunsch

Sie haben den ersten Matrix-Font erstellt. Im nächsten Projekt geht es um es um Bildpersonalisierung, die auf Basis dieses Matrix-Fonts in Illustrator erstellt wird.

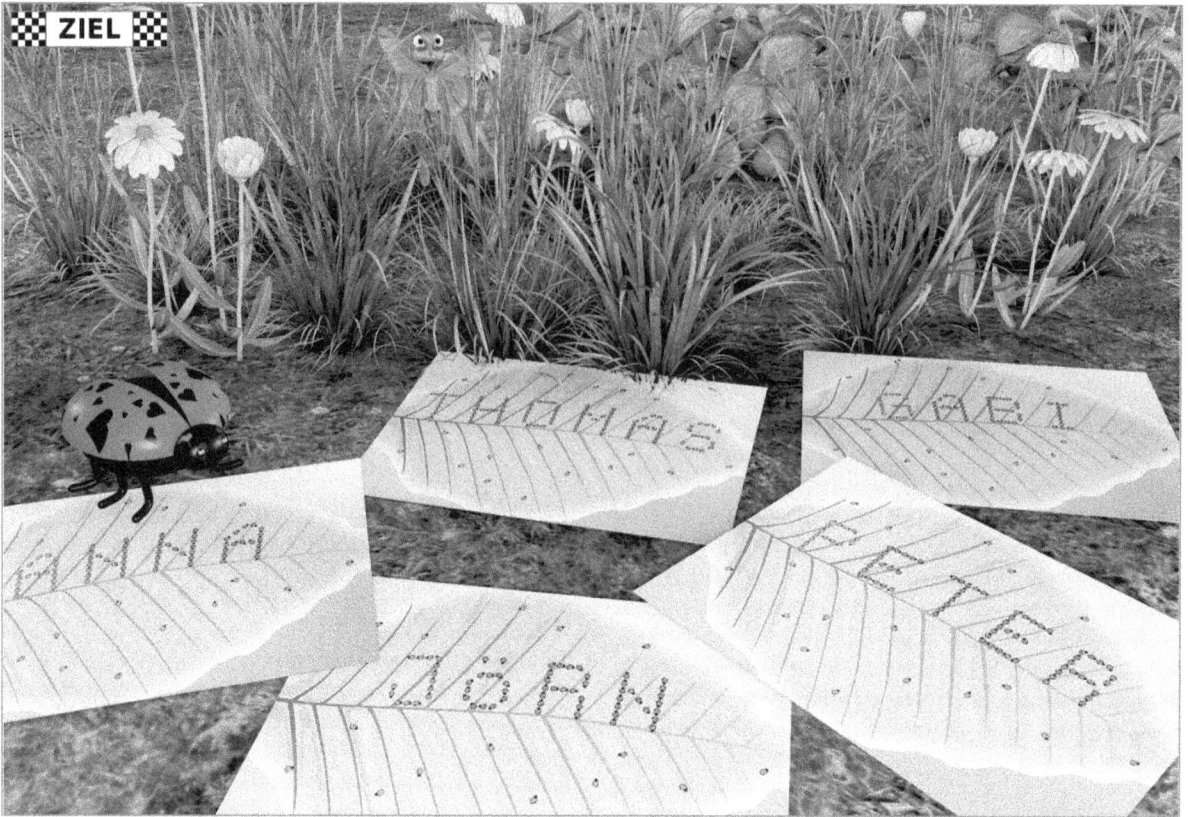

1 Funktionsweise der Bildpersonalisierung mit Adobe Illustrator

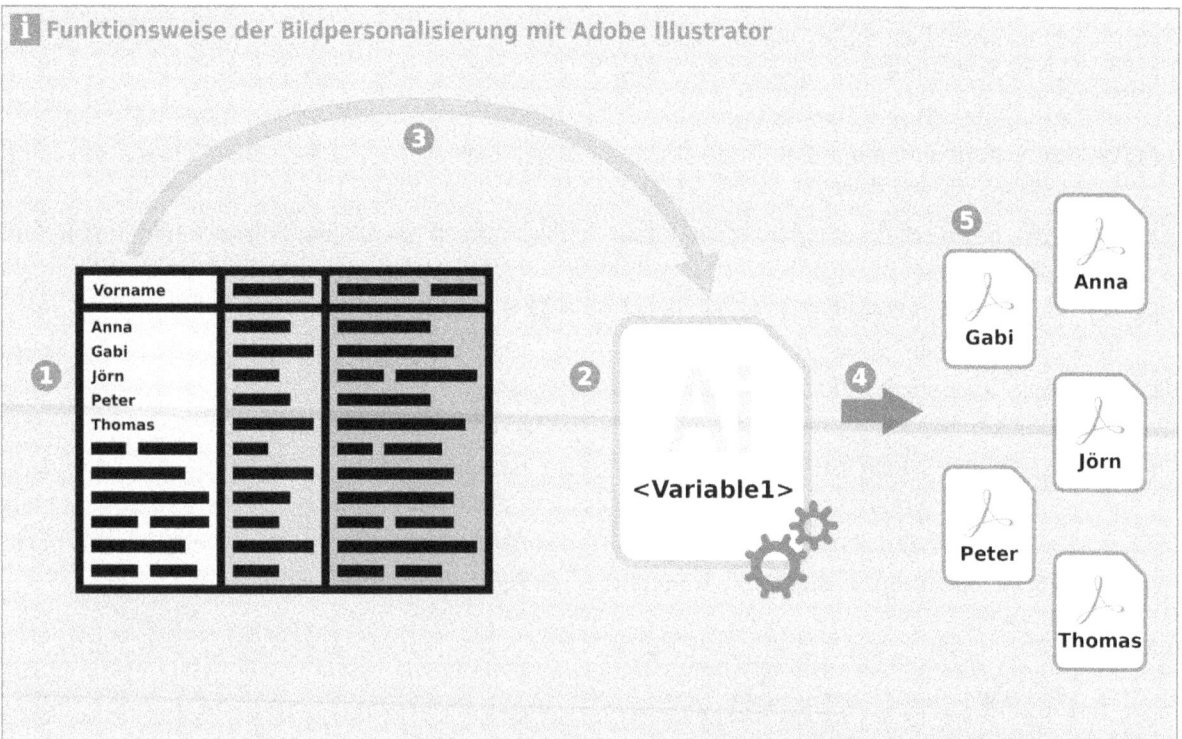

Auftrag 08:
Unterschiedliche Dokumente mit einer Namensliste erzeugen

(?!) Montagmorgen im Grafikbüro präsentiert Gabi, die Gefallen an der Erstellung von Zeichensätzen gefunden hat, den Matrix-Font, der eine Nadeldruckerschrift simuliert.

»Und du kannst jedes Symbol als Punkt in dieser Schrift verwenden?«, fragt Monika, die Schulbücher und andere Kinderprojekte betreut.

»Ja, auch farbige Symbole sind möglich.«

»Für die Kita ›Wiesental‹ bräuchte ich viele Karten, auf denen je ein Kindername steht. Wenn statt deiner Punkte bunte Käfer die Schrift sind, wäre das eine große Hilfe. Ich müsste für jedes Kind ein Dokument erstellen, den Namen abtippen, speichern und drucken«, jammert Monika.

»Warum lässt du den Illustrator nicht die Arbeit für dich machen?«, fragt Simon, der Webmaster, und der ein Faible für ▷Datenbanken hat.

»Wie soll das gehen?«, fragt Monika.

ℹ️ »Wenn du für dein Projekt Folgendes hast:
① eine Namensliste und
② eine Illustrator-Datei mit dem Layout
③ kannst du eine Verknüpfung zwischen der Namensliste und der Grafikdatei erstellen.
④ Dann kannst du den Illustrator veranlassen
⑤ für jeden Namen eine eigene Datei abzuspeichern, zum Beispiel als ▷PDF-Datei, die dann leicht ausgedruckt werden kann«,
erklärt Simon den staunenden Kollegen.

»Das geht ganz ohne Excel-Datei und ohne Programmierung?«, will Monika wissen, die vor beiden Dingen einen großen Respekt hat.

»Ja, das kannst du nur mit Illustrator umsetzen. Die Liste, in der die Daten mit Komma getrennt sind, muss mit der Codierung ▷UTF-8 abgespeichert werden.«

»Details! Hat das Ganze auch einen Namen?«

»Wenn Informationen aus einer externen Datenquelle, meist einer Datenbank, in ein Layout fließen, nennt man es allgemein ▷Database Publishing. Für das Kita-Projekt ist es nur ▷Bildpersonalisierung, eine Methode des ▷Direktmarketings, das mit der Magie des eigenen Namens spielt«, antwortet Klaus.

»Das klingt schon alles wieder so kompliziert«, ruft Monika aus, »am besten gebe ich Gabi meine Namensliste, und sie mir am Ende die einzelnen PDF-Dateien mit je einem Kindernamen. Ihr jungen Leute kommt mit den neuen Möglichkeiten besser zurecht.«

»Irrtum. Seit bald 20 Jahren gibt es die Möglichkeiten,« bemerkt Klaus und seufzt, »ich werde auch alt und sollte bald in Rente gehen.«

Mit den neuen Informationen macht sich die Gabi zuversichtlich an das Projekt. Sie weiß, sie hat Klaus oder Simon als Backup.

👣 **So erstellen Sie einen eigenen Font:**

01. Vorbereitungen
02. Das Symbol ›Marienkäfer‹ anpassen
03. Das Symbol ›Schwarze Feld‹ ersetzen
04. Käfer in den Buchstaben drehen
05. Dokument speichern
06. Die Verknüpfung zu den Symbolen löschen
07. Zeichensatz erstellen, anpassen und sichern
08. Den Zeichensatz installieren
09. Neues Dokument und Hintergrund erstellen
10. Der Vorname zentriert auf einem Pfad
11. Die Namensliste in macOS erstellen
12. Die Namensliste in Windows erstellen
13. Verknüpfung der beiden Dateien erstellen
14. Aktion ›Speichere als .PDF-Datei‹ erstellen
15. Die Stapelverarbeitung ausführen

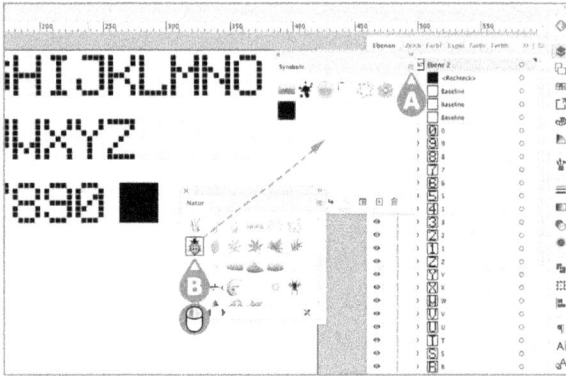

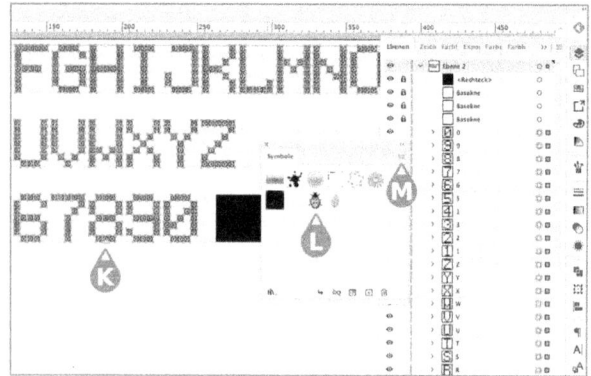

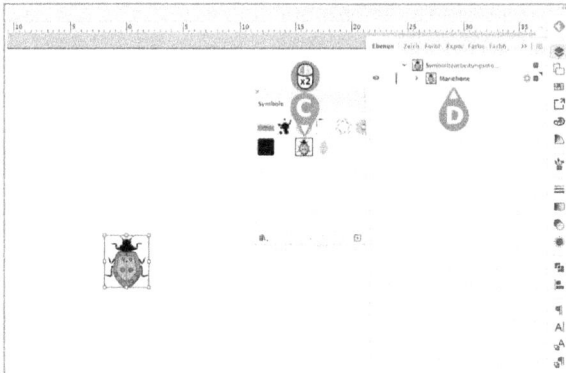

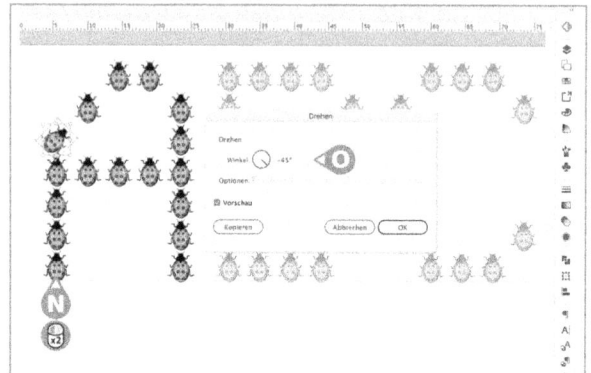

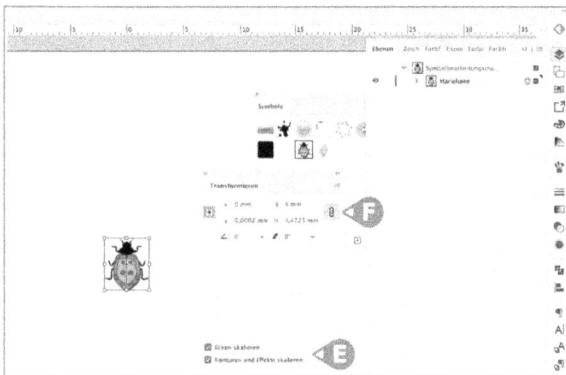

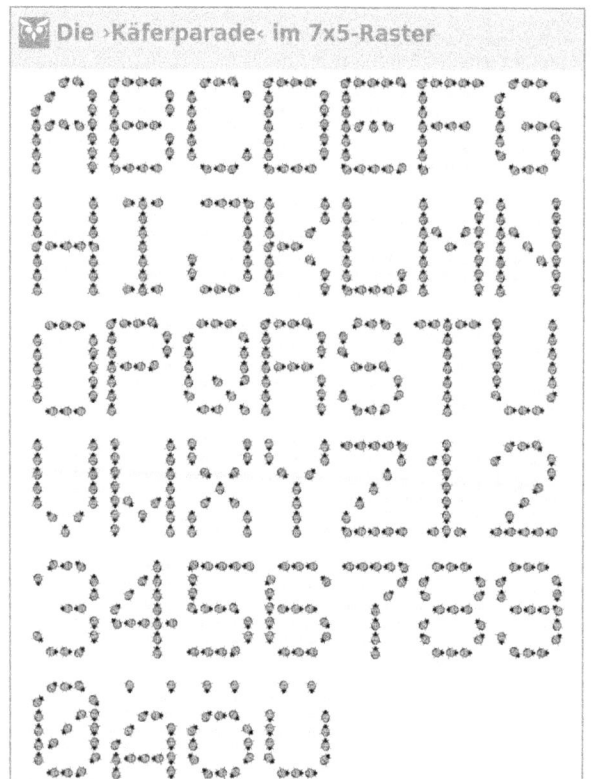

Die ›Käferparade‹ im 7x5-Raster

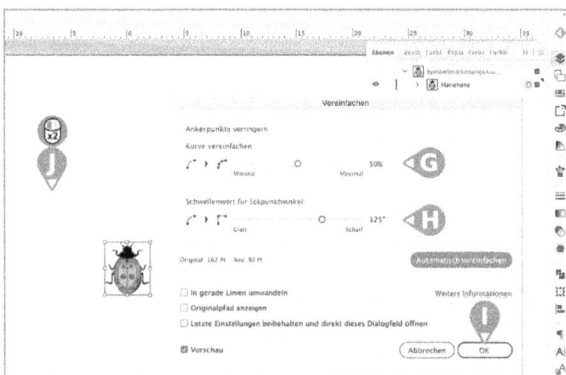

Projekt 08:
Wie Sie einen Matrix-Font für Bildpersonalisierung nutzen

Auf Basis des Matrix-Fonts aus <u>Projekt 07</u> werden Sie eine farbige Variante (Color Font) erstellen und diese im Illustrator benutzen, um eine einfache Bildpersonalisierung zu erzeugen.

01. Vorbereitungen

● Öffnen Sie die Datei `Matrix-Font1.ai`, die Sie im <u>Projekt 07</u> gespeichert haben.

Sie werden in die Datei `Matrix-Font1.ai` das Symbol `Marienkäfer` laden, das Sie unter den Symbolen des Illustrators finden.

02. Das Symbol ›Marienkäfer‹ anpassen

● Rufen Sie `Fenster > Symbole` auf und …

◀Ⓐ öffnen über das Flyout-Menü das Fenster `Symbol-Bibliothek öffnen > Natur`.

Ⓑ Ziehen Sie den `Marienkäfer` ins Fenster `Symbole`. Dann schließen sie `Natur`.

◀Ⓒ Machen Sie im `Fenster > Symbole` einen Doppelklick auf den `Marienkäfer`.

Ⓓ Aktivieren Sie im `Fenster > Ebenen` die oberste Ebene des Marienkäfers.

● Rufen Sie `Objekt > Transformieren > Skalieren` auf.

◀Ⓔ Aktivieren Sie die Optionen `Ecken skalieren` und `Konturen und Effekte skalieren`.

Ⓕ Erhalten Sie die Proportionen mit der `Kette` und geben für die Breite den Wert 4 mm ein.

● Zum Vereinfachen des Symbols rufen Sie `Objekt > Pfad > Vereinfachen…` auf …

◀Ⓖ setzen für `Kurve` den Wert auf `50 %`,

Ⓗ den `Schwellenwert` auf `125°` und …

Ⓘ bestätigen Sie die Änderung mit `OK`.

Ⓙ Beenden Sie den Symbolbearbeitungsmodus mit einem `Doppelklick` in einen leeren Bereich.

Ersetzen Sie nun das Symbol `Schwarze Feld` durch das Symbol `Marienkäfer`.

03. Das Symbol ›Schwarze Feld‹ ersetzen

◀Ⓚ Wählen Sie alle Objekte aus, die das Symbol `Schwarzes Feld` enthalten.

Ⓛ Klicken Sie im `Fenster > Symbole` auf den `Marienkäfer` und …

Ⓜ wählen im Flyout-Menü den Befehl `Symbol ersetzen` aus.

Um der Käferparade ein natürlicheres Aussehen zu geben, können Sie ein paar Käfer, die die Buchstaben bilden, drehen. Für den Buchstaben ›A‹ machen Sie das so:

04. Käfer in den Buchstaben drehen

◀Ⓝ Um in den Isolationsmodus der Gruppe des Buchstaben A zu kommen, machen Sie einen `Doppelklick` auf den Buchstaben.

Ⓞ Wählen Sie einen Käfer aus, rufen `Objekt > Transformieren > Drehen` auf und geben einen neuen Winkel wie `-45°` ein. Bestätigen Sie die Änderung mit `OK`.

Wenn Sie Aktionen für das Drehen um 45°, 90° und 180° erstellen und benutzen, dann können Sie die Winkel der Käfer in den Buchstaben schneller verändern.
Links sehen Sie die ›Käferparade‹ für alle Buchstaben inklusive des ›Ä‹, ›Ö‹ und ›Ü‹.

Als Nächstes speichern Sie das Dokument und erstellen den Zeichensatz.

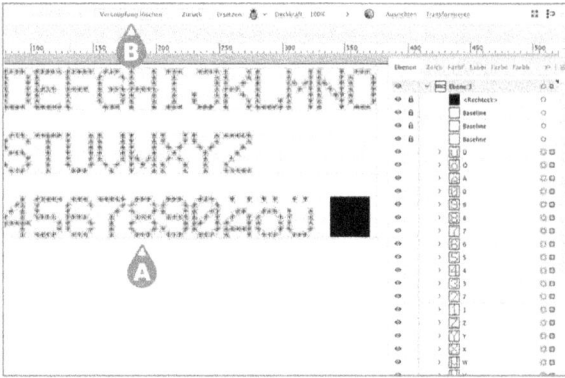

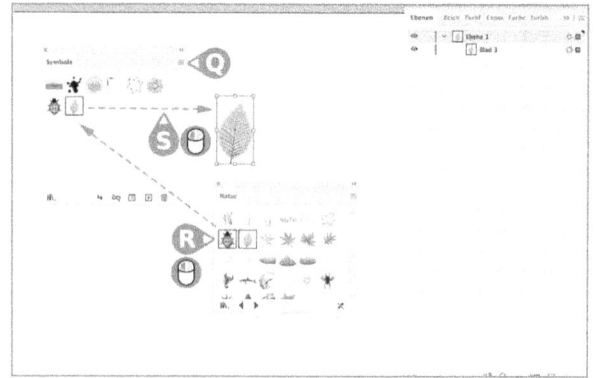

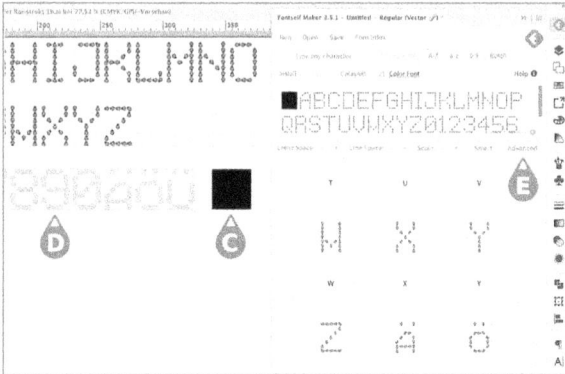

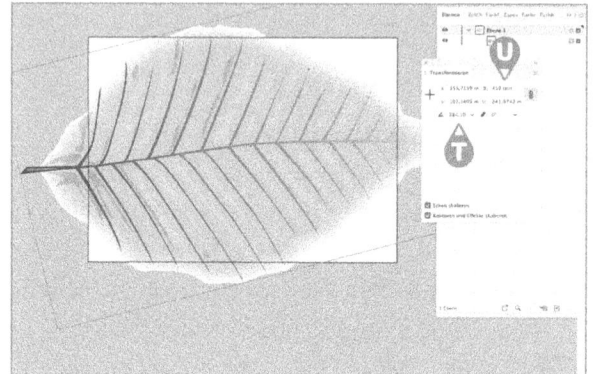

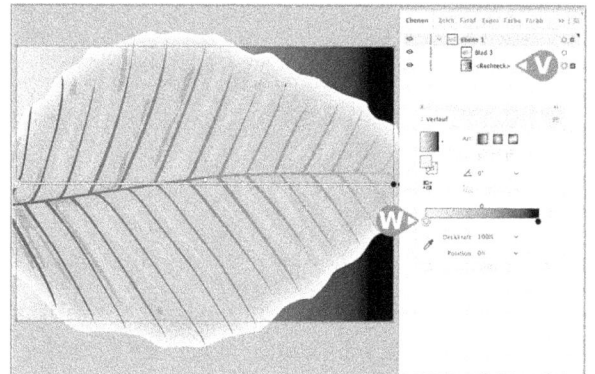

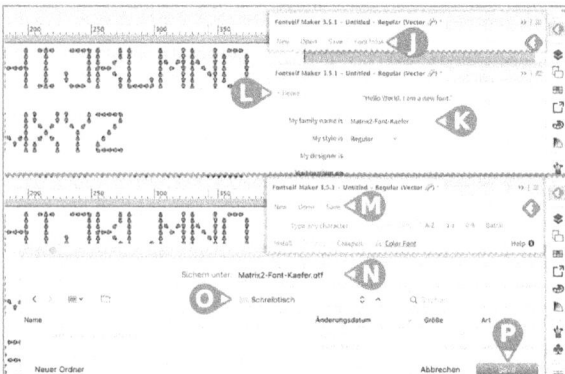

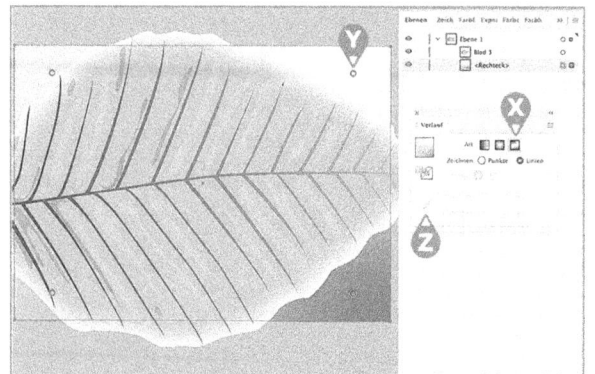

05. Dokument speichern

● Mit dem Menübefehl `Datei > Kopie spei-`
`chern` als `Matrix2-Font-Konstrukt.ai`
sichern Sie die Konstruktion und mit
`Datei > Speichern` die Aktuelle als `Ma-`
`trix2-Font.ai`.

Die Zeichen müssen wieder vor dem Erstellen
des Zeichensatzes umgewandelt werden.

06. Die Verknüpfung zu den Symbolen löschen

◀(A) Wählen Sie alle Zeichen aus und …

(B) klicken Sie über dem Dokument auf die
Schaltfläche `Verknüpfungen löschen`.

07. Zeichensatz erstellen, anpassen und sichern

◀(C) Ziehen Sie das `70%-Quadrat` mit der `Base-`
`line` in das Fenster von `Fontself`.

(D) Wählen Sie alle Zeichen einer Reihe aus und
ziehen diese mit der `Baseline` nach `Font-`
`self`. Wiederholen Sie es für die beiden anderen Reihen.

(E) Um die Abstände zwischen den Zeichen zu
verändern, klicken Sie auf `Advanced`.

◀(F) Da jedes Zeichen die gleiche Breite haben
muss, klicken Sie auf `Mono`.

(G) Geben als neue Zeichenbreite den Wert `800`,
der ganz grob aus den jetzigen Abständen
50 + 604 + 50 abgeleitet wird.

(H) Bestätigen Sie die Änderung mit Klick auf
`Mono Space`.

(I) Zurück in die Übersicht von `Fontself` kommen Sie mit einem Klick auf `Home`.

◀(J) Für die Vergabe eines Namens klicken Sie auf
`Font Infos`.

(K) Tragen Sie `Matrix2-Font-Kaefer` als
Namen ein.

(L) Zurück kommen Sie mit `Home`.

(M) Zum Speichern klicken Sie auf `Save`.

(N) Lassen den Namen unverändert und …

(O) wählen als Speicherort `Schreibtisch` aus.

(P) Bestätigen Sie dies mit Klick auf `Save`.

08. Den Zeichensatz installieren

Wie Sie den Zeichensatz für Ihr Betriebssystem
installieren, erfahren Sie im Anhang B.

Im letzten Schritt werden Sie in einem neuen Dokument einen Hintergrund mit einem Blatt erstellen, darauf einen Vornamen mit dem neuen
Matrix-Font schreiben und dann das Dokument
mit der Namensliste verknüpfen, um für jeden
Namen eine PDF-Datei zu bekommen.

09. Neues Dokument und Hintergrund erstellen

● Erstellen Sie im Illustrator ein `A4-Dokument`
im `Quer-Format`.

● Rufen Sie `Fenster > Symbole` auf und …

◀(Q) öffnen über das Flyout-Menü das Fenster
`Symbol-Bibliothek öffnen > Natur`.

(R) Ziehen Sie den `Marienkäfer` und das `Grü-`
`nes Blatt` ins Fenster `Symbole`. Dann
schließen sie `Natur`.

(S) Ziehen Sie das `grüne Blatt` aus Symbole in
das Dokument.

◀(T) Damit das Blatt das Dokument füllt, rufen Sie
`Fenster > Transformieren` auf, setzen als
`Winkel` ca. 284° ein und …

(U) ändern proportional die `Breite` auf `450 mm`.

● Um den weißen Bereichen unter dem Blatt
Farbe zu geben, erstellen Sie ein `Rechteck`
mit der Maßen `297 x 210 mm` unter dem
Blatt.

◀(V) Mit aktiviertem Rechteck rufen Sie `Fens-`
`ter > Verlauf` auf.

(W) Im linearen Farbverlauf ändern Sie das `Weiß`
in einen `Gelbton` aus dem Blatt.

◀(X) Wechseln Sie in den `Freihandverlauf`.

(Y) Klicken Sie den `Marker` (Kreis) im weißen
Bereich an und …

(Z) nehmen mit der `Pipette` einen `Gelbton`
vom Blatt auf.

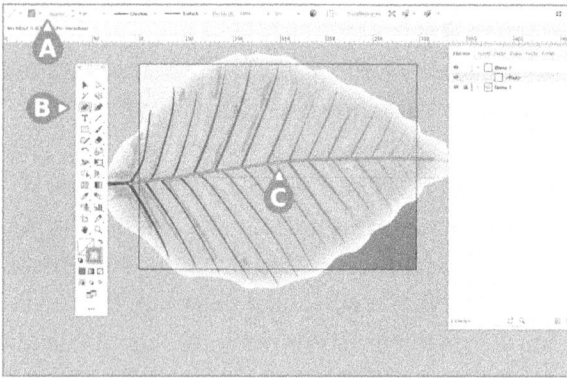

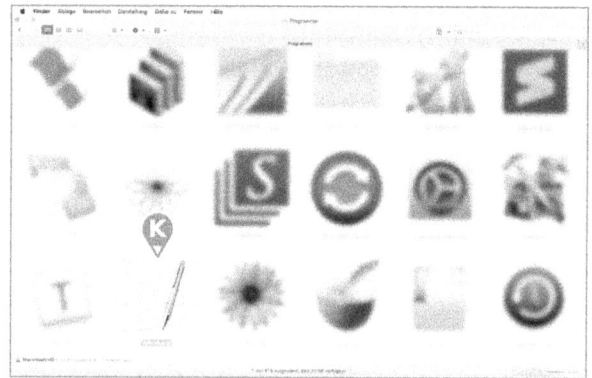

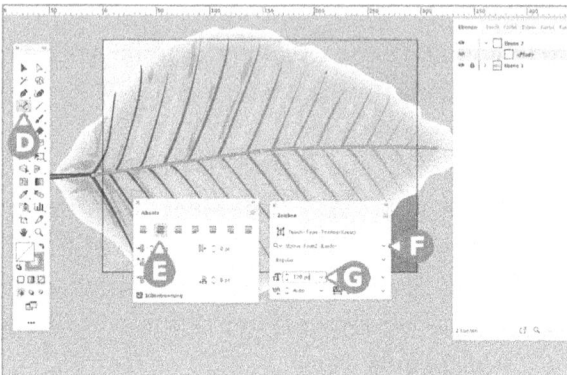

Die Namensliste in macOS erstellen

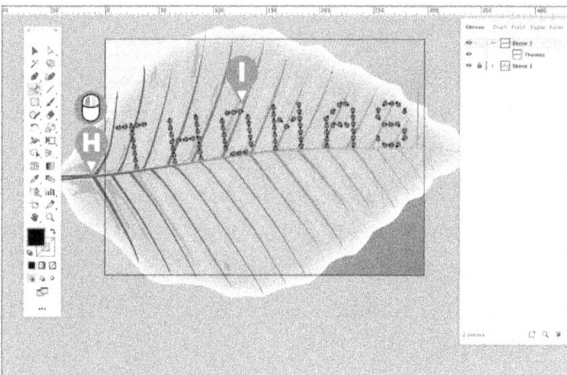

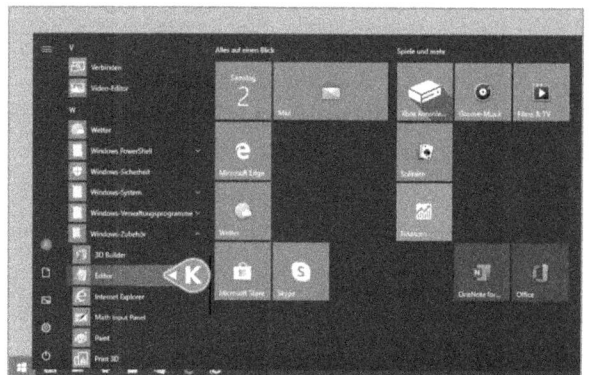

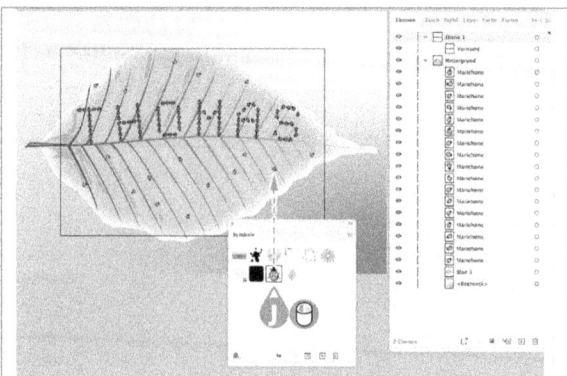

Die Namensliste in Windows erstellen

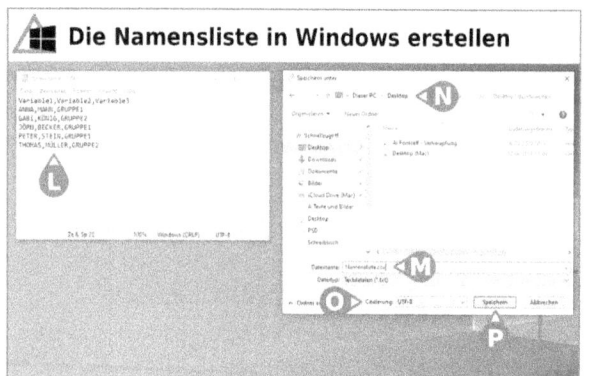

Nachdem Hintergrund erstellen Sie einen Pfad, der der Hauptader des Blattes folgt. Darauf schreiben Sie zentriert den längsten Vornamen in der Schrift `Matrix-Font2-Kaefer.otf` in der maximal möglichen Schriftgröße.

10. Der Vorname zentriert auf einem Pfad

◀ **A** Um den Pfad zu zeichnen, erstellen Sie eine neue Ebene und setzen eine `rote` Kontur mit der Stärke `9 pt` fest.

B Mit dem Werkzeug `Zeichenstift` ...

C zeichnen Sie den Pfad, der der Ader folgt.

◀ **D** Für das Schreiben des längsten Vornamens aktivieren Sie das `Pfadtext-Werkzeug`.

E Im `Fenster > Schrift > Absatz` klicken Sie auf zentriert und ...

F in `Fenster > Schrift > Zeichen` wählen Sie den Font `Matrix2-Font-Kaefer` ...

G und einen Schriftgrad von ca. `170 pt`.

◀ **H** Klicken Sie mit dem `Pfadtext-Werkzeug` links (außerhalb des Rechtecks) auf den Anfang des Pfades und ...

I tippen den längsten Vornamen wie `THOMAS`.

● Speichern Sie diese Datei mit dem Namen `Käferparade-Master.ai` ab.

◀ **J** Zur Ausschmückung ziehen Sie aus `Fenster > Symbole` den `Marienkäfer` rund um den Vornamen auf verschiedenen Positionen auf das Blatt.

Nun wird eine Namensliste als ▷CSV-Datei in der Codierung UTF-8 benötigt. Im Beispiel werden nur die ersten Einträge jeder Zeile genutzt. Da der erstellte Matrix-Font nur Großbuchstaben enthält, müssen die Einträge auch so geschrieben sein. Statt einem ▷Tabellenkalkulationsprogramm benutzen Sie einfach einen ▷Texteditor.

🍎 Unter macOS weiter mit <u>Schritt 11</u>,
⊞ unter Windows weiter mit <u>Schritt 12</u>.

11. 🍎 Die Namensliste in macOS erstellen

◀ **K** Starten Sie das Programm `TextEdit`, das Sie im Ordner `Programme` finden.

◀ **L** Schreiben die Namensliste ohne Leerzeichen (wie links). Die erste Zeile enthält `Variable1,Variable2,Variable3`.

● Wählen Sie die zweite und alle folgenden Zeilen aus und rufen `Bearbeiten > Transformieren > Großbuchstaben` auf.

● Zum Sichern der Namensliste rufen Sie `Ablage > Sichern` auf.

M Vergeben Sie der Datei als Namen `Namensliste.csv` und vergessen Sie nicht die Änderung der Endung!

N Als Speicherort wählen Sie `Schreibtisch`.

O Wichtig ist, dass die `Codierung` in `Unicode (UTF-8)` erfolgt.

P Bestätigen Sie die Einstellungen mit Klick auf `Sichern`.

12. ⊞ Die Namensliste in Windows erstellen

◀ **K** Starten Sie das Programm `Editor`, das Sie im Unterordner `Startmenü > Windows-Zubehör` finden.

◀ **L** Schreiben Sie die Namensliste ohne Leerzeichen (wie links) ab der ersten Zeile, die `Variable1,Variable2,Variable3` enthält, in Großbuchstaben.

● Zum Sichern der Namensliste rufen Sie `Ablage > Sichern` auf.

M Vergeben Sie der Datei als Namen `Namensliste.csv` und vergessen Sie nicht die Änderung der Endung!

N Als Speicherort wählen Sie `Desktop` (den Schreibtisch).

O Wichtig ist, dass die `Codierung` in `Unicode (UTF-8)` erfolgt.

P Bestätigen Sie die Einstellungen mit Klick auf `Speichern`.

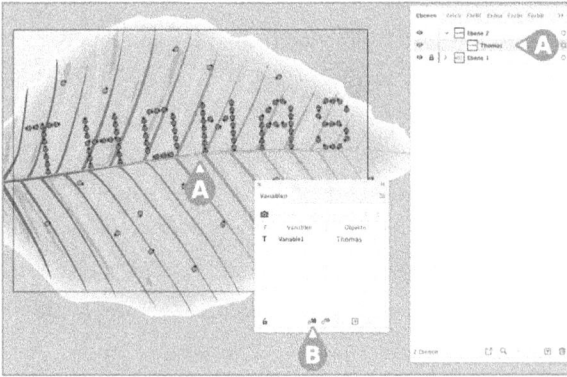

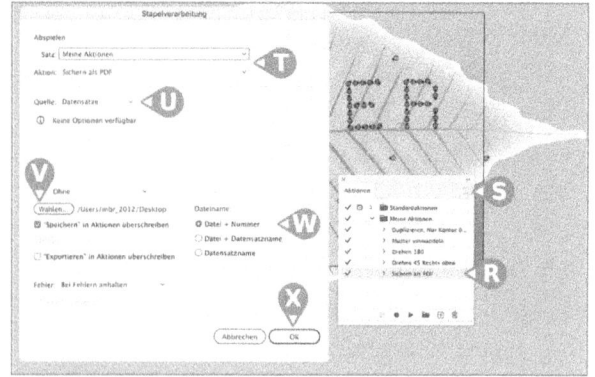

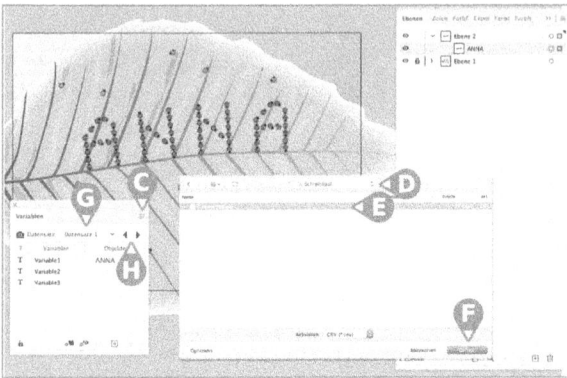

Ergebnis der Stapelverarbeitung

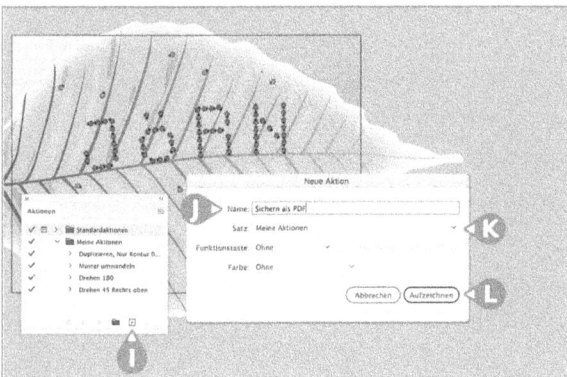

Bildpersonalisierung mit Sternen

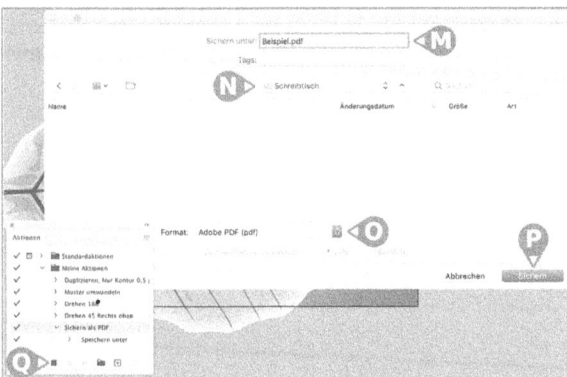

Zurück in der Datei `Käferparade-Master.ai` machen Sie den Vornamen zu einem dynamischen Text und verknüpfen die .csv-Datei.

13. Verknüpfung der beiden Dateien erstellen

◀Ⓐ Zurück in `Käferparade-Master.ai` aktivieren Sie das Textfeld.

Ⓑ Im `Fenster > Variablen` klicken Sie unten auf `Text dynamisch machen`.

◀Ⓒ Um die Datenquelle zu öffnen, wählen Sie im Flyout-Menü `Variablen-Bibliothek laden…`

Ⓓ Wählen Sie auf dem `Schreibtisch` …

Ⓔ die Datei `Namensliste.csv` aus …

Ⓕ und bestätigen mit `Öffnen`.

Ⓖ Falls die Daten nicht sichtbar werden, klicken Sie ins Aufklappmenü und wählen `Datensatz 1` aus.

Ⓗ Mit den rechten bzw. linken `Dreiecken` können Sie vor und zurück in den Datensätzen gehen.

Um Dateien auf Basis der Datensätze automatisch erstellen zu lassen, benötigen Sie eine Aktion, die die Datei als `PDF-Datei` speichert.

14. Aktion ›Speichere als .PDF-Datei‹ erstellen

◀Ⓘ Im `Fenster > Aktionen` klicken Sie auf das `Plus-Symbol` und …

Ⓙ benennen Sie die Aktion `Sichern als PDF`

Ⓚ für den Satz `Meine Aktionen`…

Ⓛ und bestätigen mit Klick auf `Aufzeichnen`.

◀Ⓜ Rufen Sie `Datei > Speichern unter…` auf und geben der Datei einen Namen.

Ⓝ Als Speicherort wählen Sie `Schreibtisch`.

Ⓞ Für das Format wählen Sie `Adobe PDF` aus

Ⓟ und bestätigen mit Klick auf `Sichern`.

Ⓠ Beenden Sie die Aufzeichnung mit Klick auf das `Stopp-Symbol` (kleines Quadrat).

Zu guter Letzt starten Sie eine ▷Stapelverarbeitung, damit Illustrator mit der Namensliste.csv die PDF-Datei mit den Vornamen erstellt.

15. Die Stapelverarbeitung ausführen

◀Ⓡ Im `Fenster > Aktionen` wählen Sie die Aktion `Sichern als PDF` aus und …

Ⓢ rufen im Fly- of-Menü den Befehl `Stapelverarbeitung…` auf.

Ⓣ Die Aktion sollte automatisch angezeigt werden, sonst können Sie sie auswählen.

Ⓤ Als `Quelle` wählen Sie `Datensätze` aus.

Ⓥ Als `Ziel` wählen Sie den `Schreibtisch`.

Ⓦ Für die automatische Generierung des `Dateinamens` wählen Sie eine der drei Möglichkeiten.

Ⓧ Um die Stapelverarbeitung zu starten, klicken Sie auf `OK`.

ℹ Nach der Stapelverarbeitung finden Sie die PDF-Dateien im Zielordner.

Herzlichen Glückwunsch

👍 Sie haben Ihre erste Bildpersonalisierung mit einem farbigen Matrix-Font durchgeführt. Links sehen Sie ein weiteres Beispiel, das Sterne in der 7x5-Matrix benutzt, um die Einladungskarten für die Halloween-Party zum Abschied von Klaus aus dem Grafikbüro zu personalisieren.

Auch Sie haben das Ende des Buches fast erreicht. Ich hoffe, dass es Ihnen weitergeholfen hat. Auf <u>Seite d2</u> möchte ich Sie noch um Ihre Hilfe bitten.

Im nächsten Band geht es um das Anpassen, Verändern und Ergänzen von Zeichensätzen wie ›DejaVu Sans‹ und anderen.

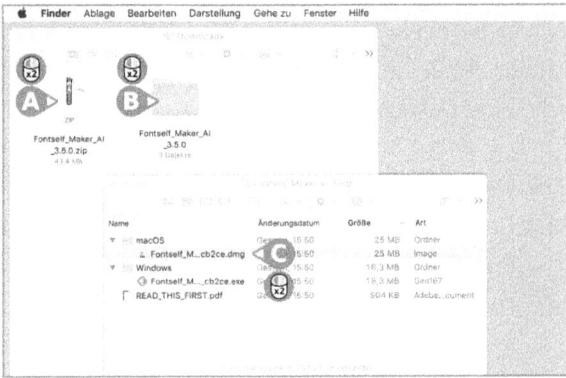

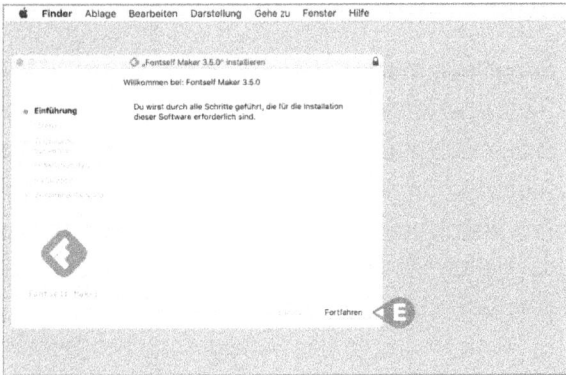

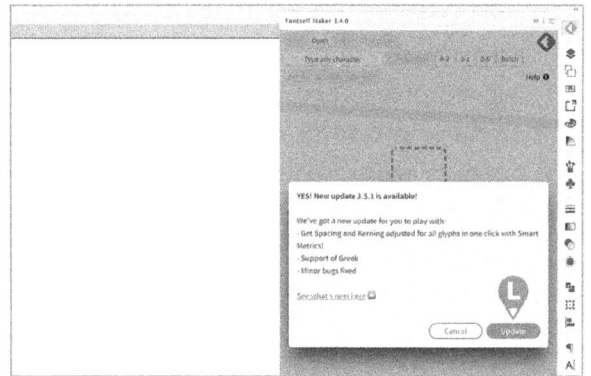

Anhang A1:
Fontself Maker 3 installieren oder updaten unter macOS

Hier finden Sie eine Kurzanleitung zur Installation und Updaten der Erweiterung Fontself Maker 3 unter macOS. Entsprechendes für Windows folgt auf der nächsten Doppelseite.

Aktuelle Information finden Sie auf ⊕ www.cg4u.de/fd1.

Ein Adobe Illustrator CC 2015.3 bis 2020 (Version 20.1 bis 24.x) ist auf Ihrem Mac installiert und die Erweiterung Fontself Maker AI auf der Website ⊕ www.fontself.com gekauft. Dann haben Sie eine E-Mail erhalten, in der der Link zum Download der Software enthalten ist. Nach dem Herunterladen finden Sie eine ZIP-Datei, die sowohl eine Mac- als auch eine Windows-Version enthält, im Ordner Download.

01. Wie Sie Fontself Maker 3 installieren

Falls Adobe Illustrator läuft, beenden Sie das Programm. Dann öffnen Sie im Finder den Ordner Download.

◀ (A) Machen Sie einen Doppelklick auf die Datei Fontself_Maker_AI….zip.

(B) Öffnen Sie mit Doppelklick den entstanden Ordner Fontself_Maker_AI….

(C) Öffnen Sie den Unterordner macOS und machen einen Doppelklick auf die Datei Fontself_Maker_AI….dmg.

◀ (D) Öffnen Sie das temporäre Laufwerk Fontself Maker AI…, das auf dem Schreibtisch entstanden ist und machen einen Doppelklick auf die Datei Install Fontself….pkg.

◀ (E) Im Installationsprogramm bestätigen Sie die kommenden Fragen einfach mit Fortfahren oder OK.

◀ (F) Am Ende klicken Sie auf Schließen.

Nach der Installation werden Sie beim ersten Start von Fontself aufgefordert, den vom Hersteller erhaltenen Lizenzschlüssel einzugeben.

02. Wie Sie Fontself Maker 3 das erste Mal starten

● Starten Sie Adobe Illustrator.

● Fontself starten Sie mit dem Befehl Fenster > Erweiterungen > Fontself Maker

◀ (G) Geben Sie den Lizenzschlüssel, wie in der E-Mail vermerkt, in das Feld ein und …

(H) klicken Sie auf Activate my license.

◀ (I) Um künftig schneller Zugriff auf Fontself zu haben, ziehen Sie den Fensterreiter in die Leiste der Bedienfelder.

Der Hersteller entwickelt Fontself stetig weiter, daher gibt es von Zeit zu Zeit Updates.

03. Wie Sie ein Update installieren

◀ (J) Wenn Sie aktuell keinen automatischen Update-Hinweis in Fontself sehen, dann können Sie mit Klick im Flyout-Menü …

(K) den Befehl Check Updates aufrufen.
Sie erhalten dann eine Meldung, dass Fontself auf dem neuesten Stand ist oder einen Hinweis auf ein Update.

◀ (L) Wenn Sie den Hinweis erhalten, dass es ein Update gibt, dann klicken Sie auf Update. Weiter geht es dann mit Schritt D.

Herzlichen Glückwunsch

👍 Sie haben Fontself Maker 3 für Adobe Illustrator installiert und können die Erweiterung auf dem neuesten Stand halten.

Auf der nächsten Doppelseite finden Sie die Kurzanleitung für die Windows-Version.

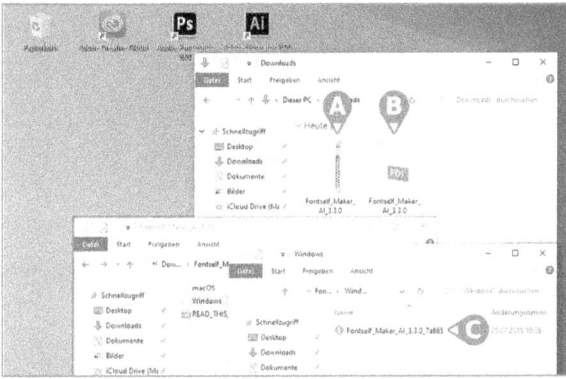

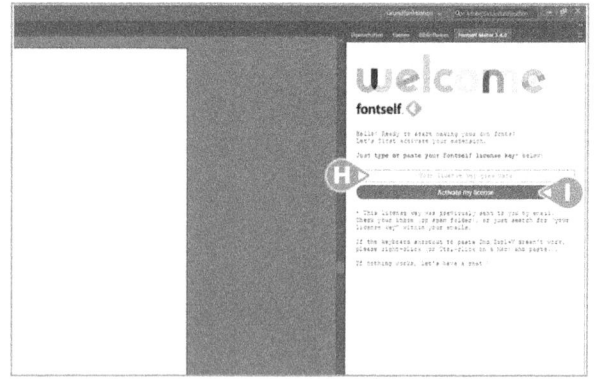

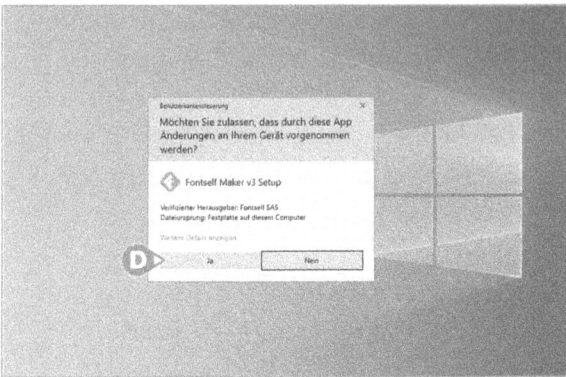

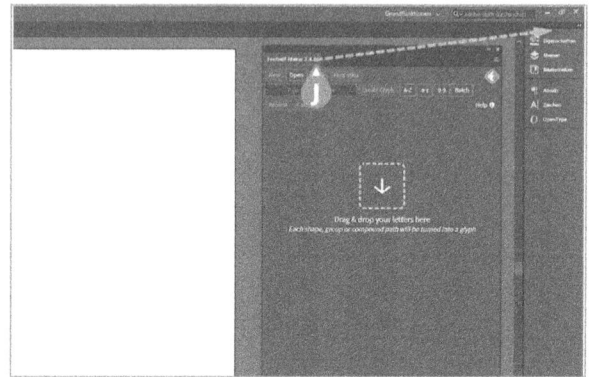

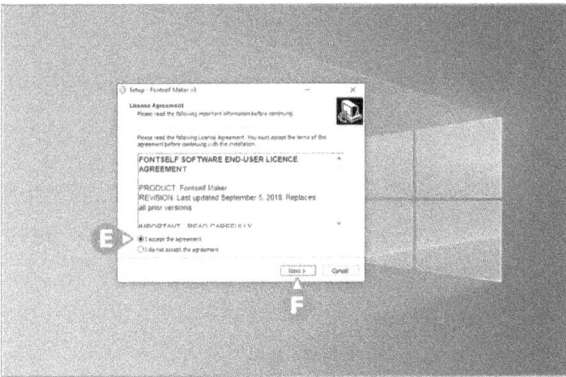

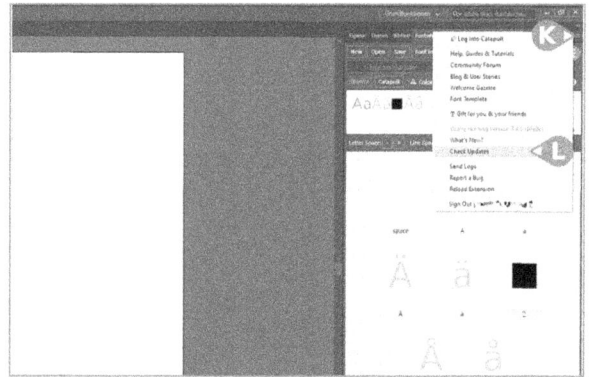

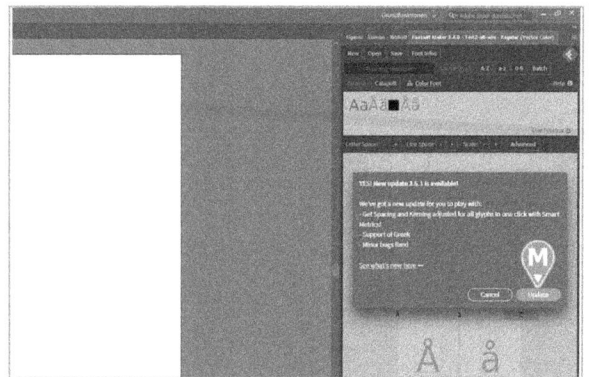

Anhang A2:
Fontself Maker 3 installieren oder updaten unter Windows

Hier finden Sie eine Kurzanleitung zur Installation und Updaten der Erweiterung Fontself Maker 3 unter Windows 10. Entsprechendes für macOS steht auf der vorherigen Doppelseite. Aktuelle Information finden Sie auf 🌐 `www.cg4u.de/fd1`.

Sie haben einen Adobe Illustrator CC 2015.3 bis 2020 (Version 20.1 bis 24.x) auf Ihrem PC und die Erweiterung Fontself Maker AI auf der Website `www.fontself.com` gekauft. Dann haben Sie eine E-Mail erhalten, in der der Link zum Download der Software enthalten ist. Nach dem Herunterladen finden Sie eine `ZIP-Datei`, die sowohl eine Windows- als auch eine Mac-Version enthält, im Ordner `Download`.

01. Wie Sie Fontself Maker 3 installieren

● Falls Adobe Illustrator läuft, beenden Sie das Programm. Dann öffnen Sie in Windows den Ordner `Download`.

◀Ⓐ Machen Sie einen Doppelklick auf die Datei `Fontself_Maker_AI….zip`.

Ⓑ Öffnen Sie mit Doppelklick den entstanden Ordner `Fontself_Maker_AI…`.

Ⓒ Öffnen Sie den Unterordner `Windows` und machen einen Doppelklick auf die Datei `Fontself_Maker_AI….exe`.

◀Ⓓ Den Installationsprozess bestätigen Sie mit Klick auf `Ja`.

◀Ⓔ Akzeptieren Sie die Lizenzbestimmungen …

Ⓕ und klicken Sie auf `Next >`.

◀Ⓖ Am Ende, um die Installation abzuschließen, klicken Sie auf `Finish`.

Nach der Installation werden Sie beim ersten Start von Fontself aufgefordert den vom Hersteller erhaltenen Lizenzschlüssel einzugeben.

02. Wie Sie Fontself Maker 3 das erste Mal starten

● Starten Sie `Adobe Illustrator`.

● Fontself starten Sie mit dem Befehl `Fenster > Erweiterungen > Fontself Maker`

◀Ⓗ Geben Sie den Lizenzschlüssel, wie in der E-Mail vermerkt, in das Feld ein und …

Ⓘ klicken Sie auf `Activate my license`.

◀Ⓙ Um künftig schneller Zugriff auf Fontself zu haben, ziehen Sie den Fensterreiter auf die erste Stelle in der Leiste der Bedienfelder.

Der Hersteller entwickelt Fontself stetig weiter, daher gibt es von Zeit zu Zeit Updates.

03. Wie Sie ein Update installieren

◀Ⓚ Wenn Sie aktuell keinen automatischen Update-Hinweis in Fontself sehen, dann können Sie mit Klick im `Flyout-Menü` …

Ⓛ den Befehl `Check Updates` aufrufen.
Sie erhalten dann eine Meldung, dass Fontself auf dem neuesten Stand ist oder einen Hinweis auf ein Update.

◀Ⓜ Wenn Sie den Hinweis erhalten, dass es ein Update gibt, dann klicken Sie auf `Update`. Weiter geht es dann mit <u>Schritt D</u>.

Herzlichen Glückwunsch

👍 Sie haben Fontself Maker 3 für Adobe Illustrator installiert und können die Erweiterung auf dem neuesten Stand halten.

Im <u>Anhang B</u> geht es um Installieren, Entfernen und Updaten von Zeichensätzen.

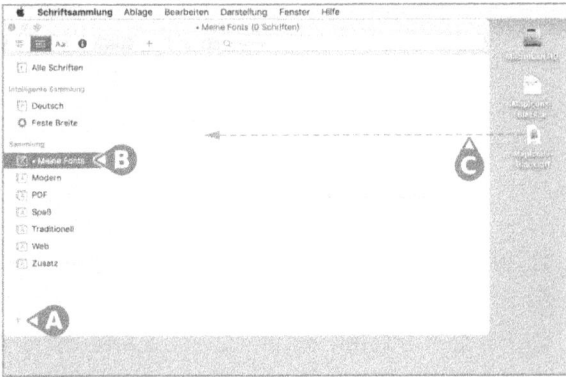

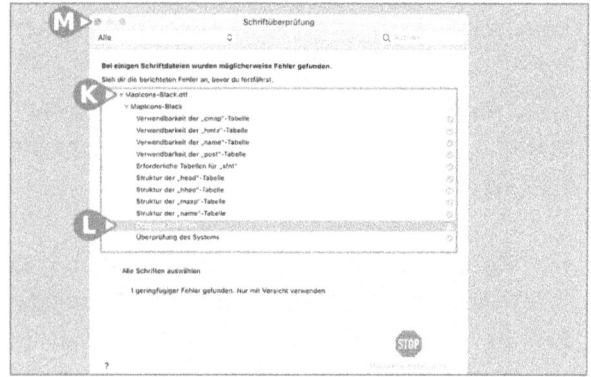

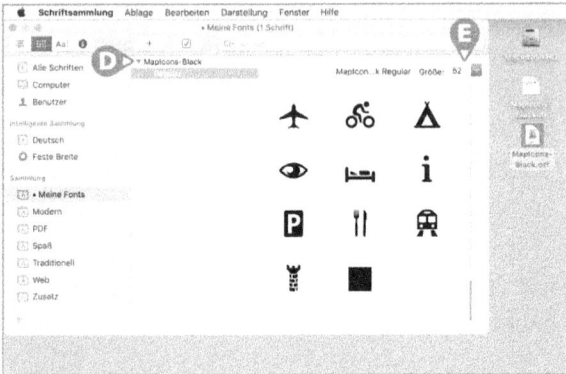

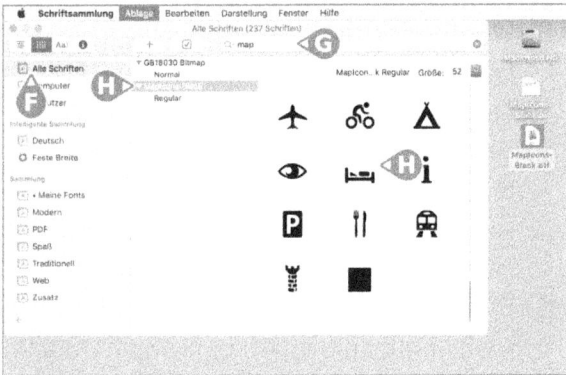

Anhang B1:
Einen Zeichensatz installieren unter macOS

Hier finden Sie eine Kurzanleitung zur Installation eines Zeichensatzes unter macOS. Entsprechendes für Windows folgt auf der nächsten Doppelseite.

Aktuelle Information finden Sie auf 🌐 `www.cg4u.de/fd1`.

Sie können in macOS eine Schrift einfach per Doppelklick auf eine .otf-Datei oder mit Hilfe des Programms `Schriftsammlung` installieren. Der zweite Weg ist der bessere, weil Sie dort Zeichensätze beurteilen können und anderes mehr.

01. Wie Sie einen Zeichensatz installieren

⬤ Starten Sie das Programm `Schriftsammlung`, das im Ordner `Programme` liegt.

◀ Ⓐ Wenn Sie noch keinen Ordner für Ihre eigenen Fonts haben, klicken Sie auf das `Plus-Symbol` und …

🐱 benennen den Ordner •`Meine Fonts`.

Ⓑ Das Sonderzeichen ›•‹ (fetter Punkt, [alt][Ü]) sorgt dafür, das der Ordner ganz oben steht.

Ⓒ Um einen neuen Font zu installieren, ziehen Sie ihn vom Schreibtisch in den Ordner •`Meine Fonts`.

02. Wie Sie einen Zeichensatz betrachten können

◀ Ⓓ Klicken Sie auf den gewünschten Zeichensatz, damit dieser rechts dargestellt wird.

Ⓔ Wählen Sie eine Größe, hier `52 pt`, in der der Font dargestellt werden soll.

03. Wie Sie einen Zeichensatz entfernen

◀ Ⓕ Wechseln Sie unbedingt(!) in den Bereich `Alle Schriften`.

Ⓖ Tragen Sie in das `Suchfeld` die ersten Buchstaben des zu löschenden Zeichensatzes ein, hier `map`.

Ⓗ Wählen Sie den Zeichensatz aus.

◀ Ⓘ Rufen Sie den Menübefehl `Ablage > Familie »…« entfernen` auf.

Ⓙ Bestätigen Sie dies mit Klick auf Entfernen.

04. Soll ich vor dem Installieren eines neuen Zeichensatzes alle Programme schließen?

Das war früher nötig, muss heute nicht mehr gemacht werden.

05. Kann ich eine neue Version eines Zeichensatzes einfach installieren?

Nein. Wenn Sie einen Zeichensatz, den es schon in der Schriftsammlung gibt, erneut in das Programm ziehen, dann sehen Sie das Hinweis-Fenster `Schriftüberprüfung`.

◀ Ⓚ Öffnen Sie die Informationen per Klick auf das kleine Dreieck.

Ⓛ Suchen Sie nach der Warnung `Doppelte Schriften`.

🛑 Installieren Sie die Schrift nicht, sondern …

Ⓜ schließen Sie nur das Fenster.

⬤ Entfernen Sie die Schrift zuerst, wie ab Punkt F beschrieben.

🦉 Um keine Probleme mit der Darstellung der neuen Schrift im Programm Schriftensammlung zu haben, beenden Sie das Programm und starten es neu.

⬤ Ziehen Sie die neue Schrift in den gewünschten Ordner in der `Schriftsammlung`.

Herzlichen Glückwunsch

👍 Sie haben einen Zeichensatz installiert und entfernt. Sie wissen nun, wie Sie einen vorhanden Zeichensatz problemlos ersetzen können.

Auf der nächsten Doppelseite sehen Sie diese Informationen für Windows.

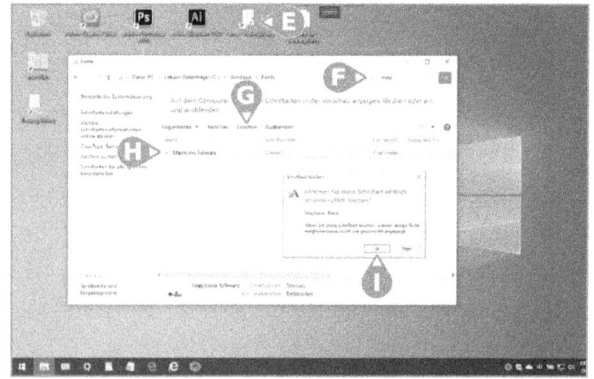

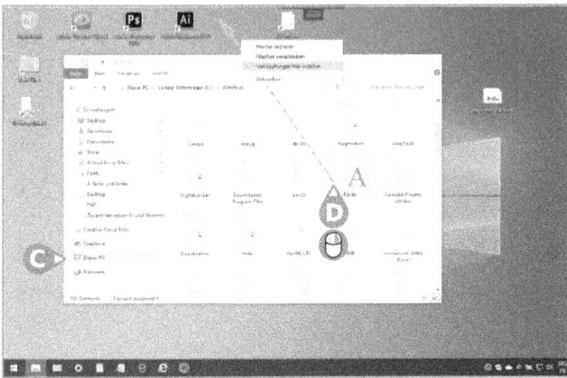

Anhang B2:
Einen Zeichensatz installieren unter Windows 10

Hier finden Sie eine Kurzanleitung zur Installation eines Zeichensatzes unter Windows 10. Entsprechendes für macOS stand auf der vorherigen Doppelseite.

Aktuelle Information finden Sie auf 🌐 `www.cg4u.de/fd1`.

Sie können in Windows eine Schrift einfach per Doppelklick starten und ein Hilfsprogramm erscheint.

01. Wie Sie einen Zeichensatz installieren

◀ A Öffnen Sie die .otf-Datei per Doppelklick.

B Im Programm `Windows-Schriftarten-anzeige` können Sie zum Installieren auf `Installieren` klicken.

Hier sehen Sie den in Projekt 01 (Seite 7) erwähnten Wasserfall eines Zeichensatzes, der mit einer kleinen Größe beginnt und immer größer wird.

In Windows 10 gibt es kein eigenes Schriftverwaltungsprogramm, sondern dies wird direkt im und mit dem Ordner Fonts erledigt. Um schneller Zugriff zu haben, erstellen Sie so eine Verknüpfung auf dem Schreibtisch

02. Wie Sie eine Verknüpfung zu ›Fonts‹ erstellen

◀ C Gehen Sie in den Ordner `Dieser PC > Lokaler Datenträger (C:) > Windows` …

D und ziehen den Ordner `Fonts` mit `gedrückter rechter Maustaste` auf den Schreibtisch. Beim Loslassen wählen Sie aus dem Kontextmenü Sie `Verknüpfung hier erstellen` aus.

03. Wie Sie einen Zeichensatz entfernen

◀ E Öffnen Sie den Ordner `Fonts`.

F Tragen Sie in das `Suchfeld` die ersten Buchstaben des zu löschenden Zeichensatzes ein, hier `map`.

G Wählen Sie den Zeichensatz aus.

H Klicken Sie auf `Löschen`.

I Bestätigen Sie dies mit Klick auf `Ja`.

04. Soll ich vor dem Installieren eines neuen Zeichensatzes alle Programme schließen?

Das war früher nötig, muss heute nicht mehr gemacht werden.

05. Kann ich eine neue Version eines Zeichensatzes einfach installieren?

Ja. Wenn Sie einen Zeichensatz, den es schon im Ordner Fonts gibt, erneut mit Doppelklick öffnen, dann erscheint dieser im Programm `Windows-Schriftartenanzeige`.

◀ J Klicken Sie zum erneuten Installieren auf `Installieren`, …

K erscheint eine `Warnung`, dass der Zeichensatz bereits existiert.

L Bestätigen Sie das Ersetzen `Ja`.

Herzlichen Glückwunsch

👍 Sie haben einen Zeichensatz installiert und entfernt. Sie wissen nun, wie Sie einen vorhanden Zeichensatz problemlos ersetzen können.

Im Anhang C geht um es typische Probleme und Lösungen rund um Fontself.

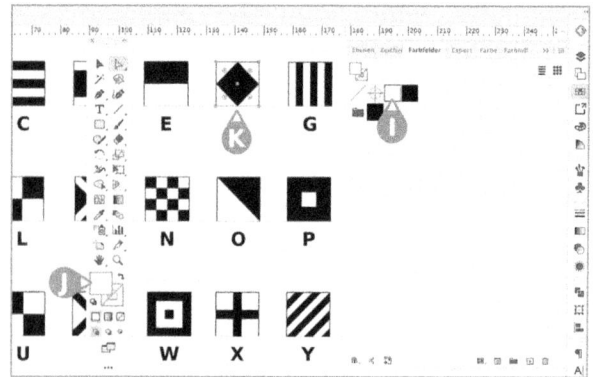

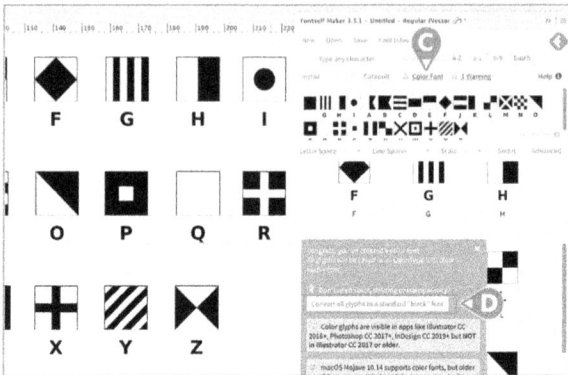

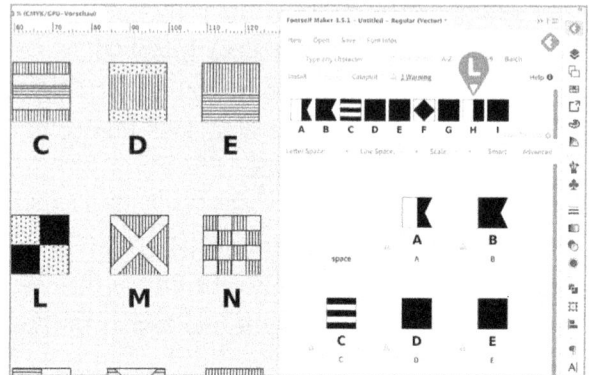

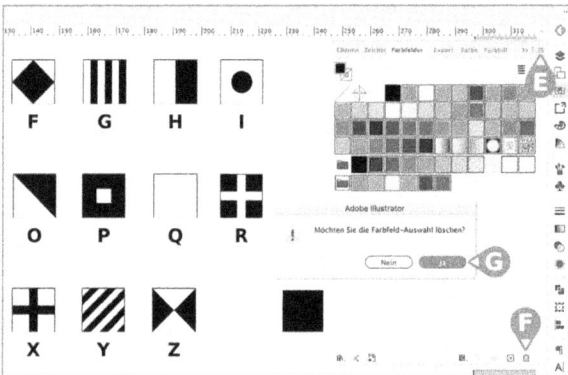

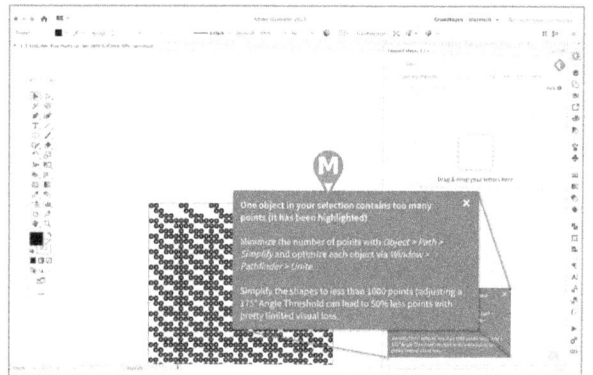

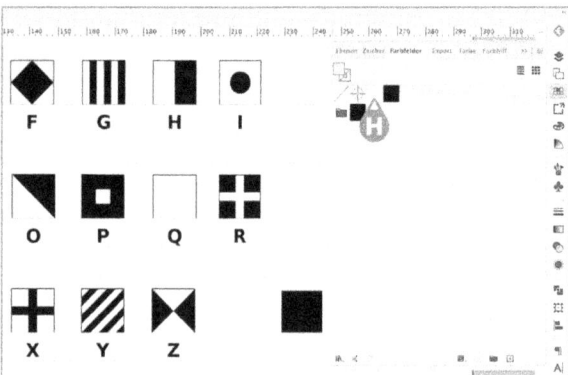

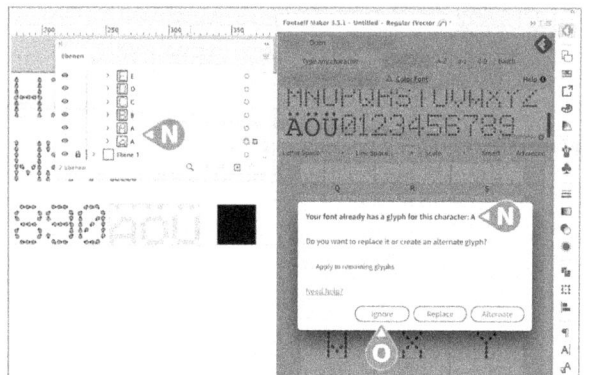

Anhang C:
Fehler 40 – Typische Probleme und deren Lösungen rund um Fontself

👁️ ›Fehler 40‹ scherzhafte Bezeichnung des Anwenders, weil er ca. 40 cm vor dem Monitor sitzt. 🙂
Hier finden Sie typische Probleme und Lösungen rund um Fontself und eigene Fonts.
🦉 Aktuelle Information finden Sie auf 🌐 www.cg4u.de/fd1.

Erstellung eigener Fonts mit Fontself

01. Mein Zeichensatz ist größer oder kleiner

Sie haben als Vorbild einen Zeichensatz, hier DejaVu Sans, mit der Größe 50 pt. Ihr selbst erstellter Zeichensatz soll die gleiche Schriftgröße haben, jedoch …

◀ **Ⓐ** er weicht davon ab. Das liegt daran, dass das erste Objekt, das in Fontself gezogen wird, der Maßstab für alle anderen ist.

Ⓑ Benutzen Sie unbedingt das 70 %-Quadrat als erstes Objekt, damit die Größen übereinstimmen. Siehe auch Seite 6, Schritt 05.

02. Mein einfarbiger Font ist doch farbig

Sie haben einen einfarbigen, sprich schwarzen, Zeichensatz erstellt.

◀ **Ⓒ** Sehen jedoch in Fontself den Hinweis, dass es ein Color Font geworden ist.

Ⓓ Fontself biete die Möglichkeit an, den Font in Schwarz umzuwandeln.

Dies kann jedoch dazu führen, dass fehlerhafte schwarze Elemente auftauchen (siehe Problem 03). Besser ist es, Sie prüfen selbst, ob unerlaubte Farben (alles außer einem reinen Schwarz) in den Zeichen enthalten sind.

◀ **Ⓔ** Rufen Sie Fenster > Farbfelder auf und im Flyout-Menü den Befehl Alle nicht verwendeten auswählen.

Ⓕ Anschließend klicken Sie unten im Fenster auf den Papierkorb.

Ⓖ Bestätigen Sie das Löschen mit Klick auf Ja.

◀ **Ⓗ** Wenn Sie jetzt mehr als nur ein Schwarz sehen, dann finden Sie mit dem nächsten Schritt die Elemente mit der falschen Farbe.

Ⓘ Heben Sie den Schutz aller Elemente auf.

◀ **Ⓘ** Klicken Sie auf die überflüssige Farbe.

Ⓙ Ist Flächenfarbe aktiv, dann …

⬤ rufen Sie Auswahl > Gleich > Flächenfarbe auf. Sonst … Konturfarbe.

Ⓚ Reparieren Sie alle aktiven Elemente.

⬤ Wiederholen Sie den Vorgang ab Punkt E, bis keine andere Farbe mehr außer Schwarz übrig ist. Dann ersetzen Sie die veränderten Objekte in Fontself.

🔧 Prüfen Sie auch, ob das Schwarz ein reines Schwarz ist (siehe Seite 4, Schritt 02). In RGB R=0, G=0, B=0 oder in CMYK K=0.

03. Font hat fehlerhafte (schwarze) Elemente

◀ **Ⓛ** Nicht alle Befehle, Effekte oder Filter in Illustrator werden von Fontself verstanden. Wenn unerwartete schwarze Elemente erscheinen, müssen Sie die Objekte zuerst ändern mit Objekte > Umwandeln… (Seite 50, Schritt 14-G) oder mit Objekt > Transparenz reduzieren… (Seite 18, Schritt 14-A).

04. Abbruch, weil Zeichen zu viele Punkte hat

◀ **Ⓜ** Wenn Sie die Meldung in Fontself sehen, dass ein Objekt zu viele Punkte hat, dann müssen Sie es zuerst mit Menü Objekt > Pfad > Vereinfachen… reduzieren (siehe Seite 42, Schritt 03-K).

05. Zwei Zeichen haben den gleichen Namen

◀ **Ⓝ** Wenn zwei Zeichen in den Ebenen den gleichen Namen haben, dann warnt Fontself.

Ⓞ Um ein Überschreiben zu verhindern, klicken Sie auf Ignore.

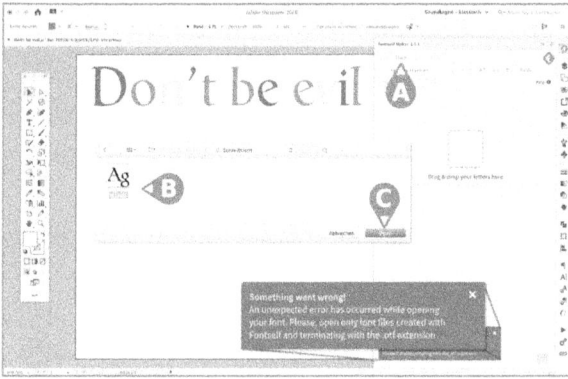

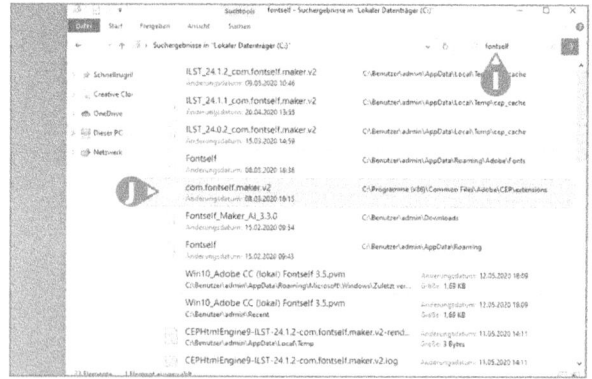

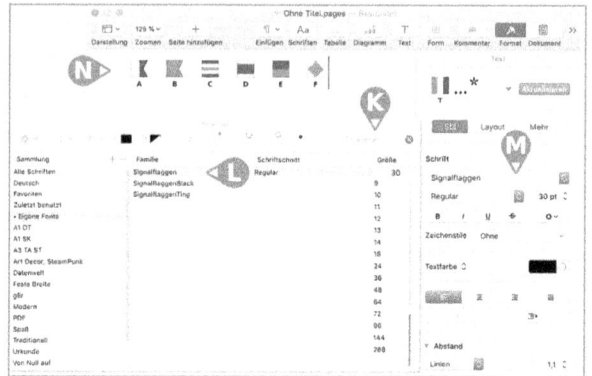

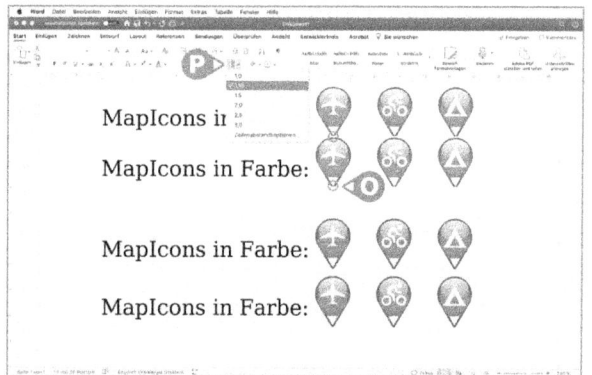

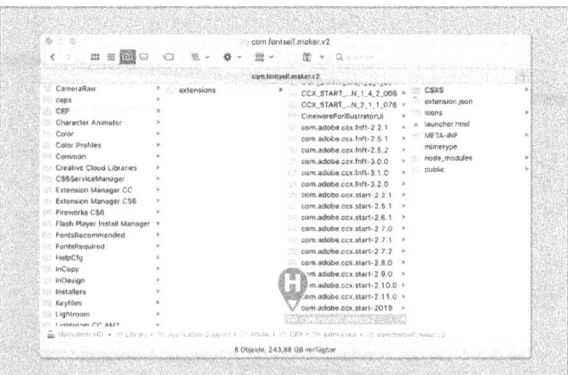

06. Fremden Font in Fontself öffnen

◀ **A** Mit `Open` in Fontself können Sie ...

B nur `.otf`-Dateien...

C mit Klick auf `open` öffnen.

Es lassen sich nur Zeichensätze öffnen, die mit `Fontself` erstellt wurden, andere nicht.

⚠ Verwenden Sie nur Fonts, die eine Open Font License (OFL) haben!

🦉 Mehr zu diesem Thema finden Sie in Band 2 »Fonts verändern«.

Rund um Fontself Maker

01. Fontself reagiert nicht mehr

◀ **D** Wenn `Fontself` einmal nicht wie erwartet reagiert, gehen Sie in das Flyout-Menü ...

E rufen den Befehl `Reload Extension` auf.

🦉 Ein Neustart des Illustrators und/oder des Computers kann auch nicht schaden.

02. Fontself auf mehreren Computer benutzen

Sie können `Fontself` auf maximal zwei Computer nutzen. Für einen Umzug melden Sie sich in `Fontself` auf einem Computer ab.

◀ **F** Gehen Sie in `Fontself` ins Flyout-Menü ...

G rufen den Befehl `Sign out` auf.

Dann können Sie sich auf einem anderen Computer mit Lizenzschlüssel und E-Mail anmelden, für macOS siehe Seite a2, Schritt G oder für Windows siehe Seite a4, Schritt H.

03. Fontself löschen

Wenn Sie `Fontself` von einem Computer löschen wollen, dann ...

● melden Sie sich von `Fontself` ab, wie ab Schritt F beschrieben.

● Beenden Sie das Programm `Illustrator`.

 Unter macOS ...

◀ **H** gehen Sie im Finder in den folgenden Unterordner:

`Festplatte > Library > Application Support > Adobe > CEP > extensions` und ziehen Sie den Ordner `com.fontself.maker.v2` mit der Maus in den `Papierkorb`.

 Unter Windows ...

◀ **I** lassen Sie nach `Fontself` suchen und ...

J ziehen Sie den gefundenen Ordner `com.fontself.maker.v2` mit der Maus in den `Papierkorb`.

Verwenden der eigenen Fonts

01. Mein farbiger Font fehlt im Programm ›XY‹

Ein farbiger Font wird nicht von allen Programmen unterstützt, da diese Technologie recht neu ist.

 `Apple Pages`, `TextEdit` und andere Programme können farbige Fonts nur über den Befehl `Schriften einblenden` aufrufen.

◀ **K** Tragen Sie ins Suchfeld den Anfang des Namens ein, hier `Signal`.

L Klicken Sie den Zeichensatz an.

M Dieser erscheint dann im Schriftmenü von `Apple Pages`.

N Sie können den farbigen Zeichensatz wie gewohnt im Dokument verwende.

🦉 Eine Liste mit Programmen, die farbigen Fonts unterstützen, finden Sie auf 🌐 `www.cg4u.de/fd1`.

02. Mein Font wird oben/unten abgeschnitten

◀ **O** Es kann passieren, dass ein selbst erstellter Font in Programmen wie `MS WORD` abgeschnitten aussieht.

P Um das zu reparieren, müssen Sie den `Zeilenabstand` erhöhen; hier von `1,0` auf `1,15`.

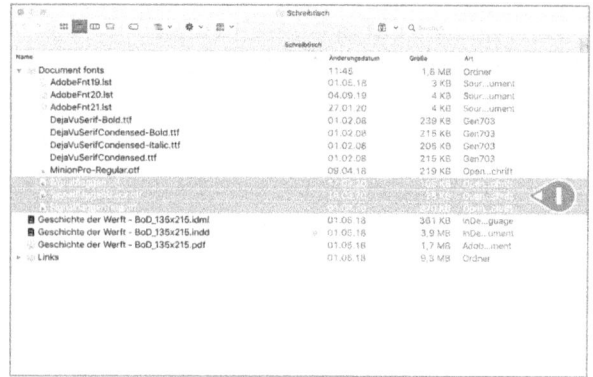

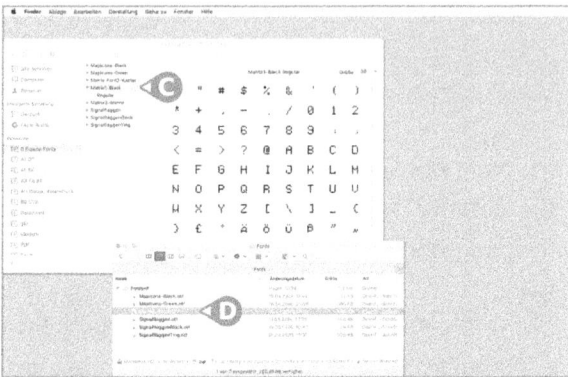

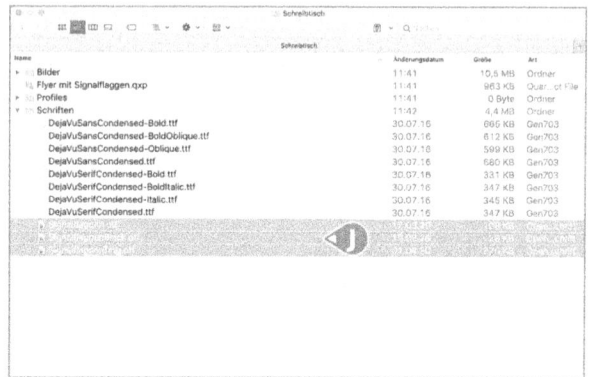

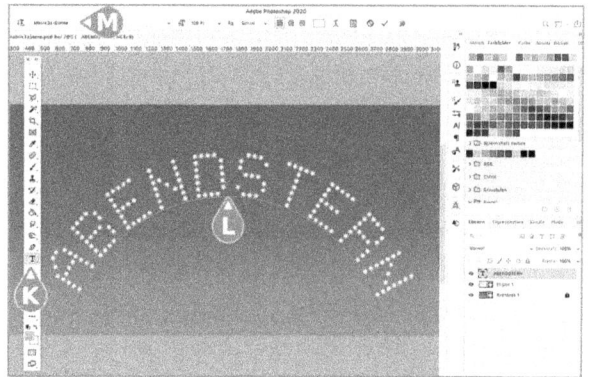

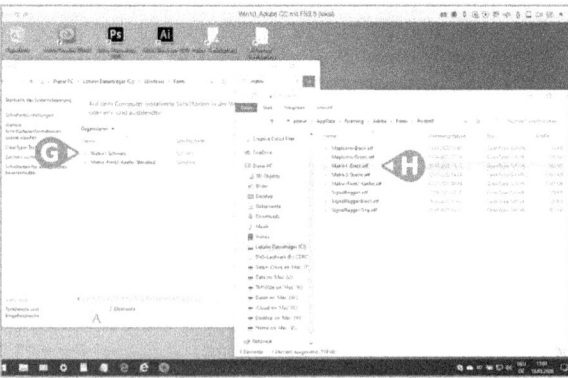

03. Mein Font wurde nicht aktualisiert

Sie haben einen Zeichensatz erstellt, dann noch eine Verbesserung vorgenommen und ihn unter dem gleichen Namen in Fontself abgespeichert.

⚠ Nach der Installation (siehe Anhang B) sehen Sie in einem Programm noch immer die alte Version. Was tun?

😺 Es gibt verschiedene Ursachen dafür, dass ein Zeichensatz nicht aktualisiert wurde. Hier eine Liste von Lösungsmöglichkeiten:

① Beenden Sie das Programm und starten Sie es neu.

② Ein lokaler Font-Ordner eines Programms, in denen eine ältere Version liegt und vorrangig benutzt wird, könnte auch die Ursache sein. Dann muss der alte Font dort ersetzt oder gelöscht werden.

🍎 Adobe Illustrator unter macOS

◀Ⓐ Gehen Sie in den Ordner Festplatte > Users > ~User > Library > Application Support > Adobe > Fonts

Ⓑ Dort öffnen Sie den Unterordner Fontself.

◀Ⓒ Ist der gleiche Font in dem Programm Schriftsammlung (neu-)installiert, dann …

Ⓓ löschen Sie den Font aus dem Unterordner Fontself.

🪟 Adobe Illustrator unter Windows

◀Ⓔ Öffnen Sie den Ordner admin > App Data > Roaming > Adobe > Fonts > Fontself,

Ⓕ ebenso wie den Ordner Lokaler Datenträger (C:) > Windows > Fonts.

◀Ⓖ Ist der gleiche Font in Windows > Fonts (neu) installiert, dann …

Ⓗ löschen Sie den Font aus dem Unterordner Fontself.

Layoutprogramme besitzen meist einen Befehl, der alle verknüpften Dateien wie Bilder und Zeichensätze in einem Ordner zusammentragen kann. Sehr praktisch für die Weitergabe eines Projekts.

◀Ⓘ In InDesign rufen Sie den Menübefehl Datei > Verpacken… auf und finden dann alle verknüpften Dateien mit den Zeichensätzen im Zielordner.

Ein dort abgelegter Zeichensatz wird von InDesign vorrangig verwendet. Daher muss dieser ersetzt oder gelöscht werden, wenn er aktualisiert wurde.

◀Ⓙ In QuarkXPress rufen Sie den Menübefehl Ablage > Für Ausgabe sammeln… auf und finden dann alle verknüpften Dateien mit den Zeichensätzen im Zielordner.

Ein dort abgelegter Zeichensatz wird von QuarkXPress ignoriert. Er muss für dieses Programm im System installiert und aktiv sein.

Adobe Photoshop speichert in der Datei .psd die verwendeten Zeichensätze und nutzt diese vorrangig. Ein im Betriebssystem aktualisierter Zeichensatz wird ignoriert.

⬤ Beenden und starten Sie Photoshop erneut.

◀Ⓚ Aktivieren Sie mit dem Textwerkzeug …

Ⓛ den kompletten Text und …

Ⓜ wählen den aktualisierter Zeichensatz aus.

Weitere und aktuelle Informationen zu dem Thema ›Einsatz von Fonts‹ finden Sie auf der Website 🌐 www.cg4u.de/fd1.

Herzlichen Glückwunsch

🎴 Sie haben das Ende des Buches fast erreicht. Ich hoffe, dass es Ihnen weitergeholfen hat. Auf Seite d2 möchte ich Sie noch um Ihre Hilfe bitten.

Legende der Schreibweisen und Symbole

In diesem Buch sind Symbole und Worte in `Blau` für Informationen oder Anzeige sowie in `Grün` für Anweisungen oder Eingabe in einer nichtproportionalen Schrift geschrieben.

Kürzel in eckigen Klammern wie [A] sind Tasten oder Tastenkombinationen. Stehen zwei Tasten zusammen, so müssen diese zusammen (gleichzeitig) gedrückt werden. Siehe auch Seite V.

Unterstreichungen sind Verweise im Buch. Dafür wurde extra ein Zeichensatz mit typografisch korrekter Unterstreichung geschaffen. Wie das geht, erfahren Sie im Band 2 ›Fonts verändern‹.

EXKLUSIVER LESERBEREICH

ZUGANGSCODE **FD1adw**

www.cg4u.de/fd1

Auf ⊕ `www.cg4u.de/fd1` finden Sie das Buch als gratis PDF-Datei, Projektdateien und Videoclips im exklusiven Leserbereich.

⌛ Jeder Leser hat eine andere Geschwindigkeit beim Lesen und Durcharbeiten eines Projekts. Die Sanduhr steht daher für eine abstrakte Zeiteinheit:
von ⌛ = kurz, bis ⌛ ⌛ ⌛ ⌛ = aufwendig.

📖 Eine erfundene Geschichte (Storytelling), in der das Probleme vorgestellt wird.

👁 Eine Beobachtung oder ein Kommentar.

▷ Aufzählpunkte im Text.

🦉 Ein hilfreicher Tipp.

ℹ Eine Information.

① Ein Element in einer linken Abbildung.

⚖ Ein rechtliche Hinweis.

⚠ Ein allgemeiner Hinweis, Achtung!

⚠ Eine allgemeine Frage.

 Das Folgende gilt nur in macOS.

 Das Folgende gilt nur in Windows 10.

🛑 Warnung: Nicht einfach weiter machen!

🏁 Ende eines Projekts.

👣 Schritt-für-Schritt-Anleitung für die Lösung des Problems.

◀ Siehe die (nächste) linke Abbildung.

Ⓐ Ein Schritt mit dem gleichnamigen Element in der linken Abbildung.

● Ein Schritt, der ohne Abbildung ist.

⊕ Die folgende Internet-Adresse können Sie mit Ihrem Webbrowser besuchen.

 Machen Sie einen Klick mit der linken Maustaste.

 Machen Sie einen Klick mit der rechten Maustaste. Unter macOS auch mit [ctrl] und Maustaste ausführbar.

 Machen Sie einen Doppelklick mit der linken Maustaste.

▷ Das folgende Wort wird im Glossar erklärt.

Ⓐⓘ Symbol für Adobe Illustrator.

◆ Symbol für FontSelf Maker.

⊘ Symbol für eine gemeinfreie Datei (ohne Copyright-Schutz).

Nachwort oder ein Blick hinter die Kulissen

Das Nachwort in einem Buch wird auch ›Kolophon‹ genannt. Es enthält Informationen über Hersteller und Produktionsdetails der Veröffentlichung. Im Druckereiwesen finden Sie im Kolophon auch Angaben zu den verwendeten Schriftarten. Bei technischen Büchern kann ein Kolophon auflisten, welche Software benutzt wurde. Diesem alten Brauch folge ich an dieser Stelle.

Kolophon

01. Über mich

Ich bin Tüftler und Autodidakt. Seit 1982 suche ich nach Lösungen für Probleme oder Wege im Zusammenspiel verschiedener Softwares. Dort wo die Handbücher der Hersteller aufhören, dort beginnt mein Interesse, den Status-Quo in Frage zu stellen und benutzerfreundliche Antworten zu finden.

02. Meine Motivation für dieses Buch

Bei den Vorbereitungen zu einem Buch über ›QR-Codes‹, welches später erscheinen wird, merkte ich, dass ich Symbole für ›Achtung‹ oder ›Tipp‹ brauchen würde. Da kleine Bilder im Text sehr unpraktisch sind, forschte ich nach einer Alternative und fand Fontself Maker 3 für Adobe Illustrator. So habe ich rund 80 Glyphen erstellt und viele haben es ins Buch geschafft, siehe links.

03. Kompakt statt geschwätzig

Heute sind schnelle Lösungen für aktuelle Probleme gefragt. Daher schrieb ich dieses kompakte Buch, in dem Projekte Schritt für Schritt von Anfang bis Ende beschrieben werden. Der Servicegedanke für den Leser stand dabei immer an erster Stelle.

04. Schriften im Buch

Es wurden die OpenType Fonts ›DejaVu Sans‹ und ›DejaVu Serif‹ verwendet. Die Nichtproportionalschrift habe ich auf Basis von ›DejaVu Mono‹ erstellt. Wie Sie das machen können, erkläre ich im Band 2 ›Fonts verändern‹.

05. Mein ›Handwerkszeug‹

▶ Hardware:
Apple MacBook Pro, 15 Zoll
mit macOS 10.14 und Windows 10.

▶ Software für Text und Rechtschreibprüfung:
MS WORD 16 mit EPC Duden Korrektur und Papyrus Autor 10

▶ Software für Layout und Druckdatei:
QuarkXPress 2019

▶ Software für Vektorzeichnungen/Fonts:
Adobe Illustrator CC 2020, Fontself Maker 3

▶ Software für Bildbearbeitung:
Adobe Photoshop CC 2020

▶ Software für 3D-Bilder (CGI):
CINEMA 4D R13, Poser Pro 11, DAZ Studio

▶ 3D-Objekte: 🌐 www.daz3D.com und eigene.
Eine Linksammlung zu diesem Buch finden Sie auf der Website 🌐 www.cg4u.de/fd1.

06. Danksagung

Ich bedanke mich bei meinen Test-Lesern Peter und Roy, sowie den Usern in den Foren 🌐 Fontself.com und 🌐 PSD-Tutorials.de.

Herzlichen Glückwunsch

👍 Sie haben das Ende des Buches erreicht. Ich hoffe, dass es Ihnen weitergeholfen hat.

Nun bitte ich Sie eine kurze Beurteilung (Rezension) zu schreiben, wo Sie das Taschenbuch oder E-Book gekauft haben. Danke.

Wenn Sie Kritik oder Verbesserungsvorschläge haben, dann schreiben Sie mir direkt an 🌐 fd1@cg4u.de. Danke im Voraus.

Glossar

⚠-Hinweis: Die Erklärungen der rechtlichen Begriffe sind aus allgemein zugänglichen Internetseiten abgeleitet und stellen keine Rechtsberatung dar. Im Zweifelsfall sollte ein Fachanwalt befragt werden.

.

- ▸ **.ai**: Dateiendung ▷Adobe Illustrator.
- ▸ **.ase**: Dateiendung ▷Adobe Swatch Exchange.
- ▸ **.csv**: Dateiendung.
- ▸ **.otf**: Dateiendung ▷OpenType Font.
- ▸ **.pdf**: Dateiendung ▷PDF.
- ▸ **.svg**: Dateiendung ▷SVG.

7

- ▸ **7x5-Matrix**: Ein Raster mit 7x5 Feldern, das die ersten ▷Nadeldrucker zum Drucken von Buchstaben auf Papier nutzten.

A

- ▸ **A3**: genauer ›DIN A3‹, Papierformat in der Größe 420 x 297 mm.
- ▸ **A4**: genauer ›DIN A4‹, Papierformat in der Größe 297 x 210 mm.
- ▸ **Absatzformat**: Ty In ▷Layoutprogrammen können Absätze bestimmte Eigenschaften wie Einzug, Abstände, Tabulatoren zugewiesen und benannt werden. Durch Änderung im Absatzformat erhalten alle Absätze, die diesem zugewiesen sind, die neue Eigenschaft.
- ▸ **Acht-Bit-Computer**: Die erste Generation von Personal Computern, die zwischen 1976 bis ca. 1988 von Firmen wie Apple, Atari, Commodore, IBM u. a. auf den Markt gebracht wurden. Ihr Prozessor arbeitete mit 8-Bit. Heute sind 64-Bit-Computer üblich.

- ▸ **Adobe Creative Cloud**: Sammlung von über 20 Programmen, die nur als Abonnement benutzt werden können und durch einen Cloud-Dienst privaten und öffentlichen Speicherplatz zur Verfügung stellen. Diese Form des ›Software-as-a-Service‹ gibt es von Adobe seit 2011.
- ▸ **Adobe Illustrator**: Ai ▷Vektorgrafikprogramm und Teil der ▷Adobe Creative Cloud. Die Dateiendung lautet ›.ai‹.
- ▸ **Adobe InDesign**: ▷Layoutprogramm und Teil der ▷Adobe Creative Cloud. Die Dateiendung lautet ›.indd‹.
- ▸ **Adobe Photoshop**: Bildbearbeitungsprogramm für ▷Pixelgrafik (≠ ▷Vektorgrafik) und Teil der ▷Adobe Creative Cloud. Die Dateiendung lautet ›.psd‹.
- ▸ **Adobe Swatch Exchange**: Ai Dateiformat mit der Endung ›.ase‹ zum Austausch von Farbdefinitionen u. a. zwischen ▷Adobe Illustrator, ▷Adobe Indesign und ▷Adobe Photoshop.
- ▸ **Advanced**: ◈ Weitere Einstellungsmöglichkeiten für die erstellten Zeichen.
- ▸ **Aktionen**: Ai Aufzeichnungen von Befehlen durch den Benutzer, die per Mausklick abgespielt werden können.
- ▸ **Alias-Datei**: , Datei, die selbst keinen Inhalt hat, sondern nur auf die Originaldatei an einem anderen Speicherort verweist. Im Symbol erscheint ein kleiner Pfeil. hängt das Wort »Alias« und das Wort »Verknüpfung« an den Dateinamen.
- ▸ **angleichen**: Ai Erstellt zwischen einem Start- und einem Zielobjekt in Form oder Farbe Übergangsobjekte; englisch ›blending‹. ⚠ ◈ versteht diese Funktion nicht und daher muss vor dem Import ▷Umwandeln verwendet werden.

- **Any character**: ◈ Feld, in das jede Art von Zeichen als Pfad-Objekt gezogen werden kann, um es zu einer ▷Glyphe in einem ▷Font zu machen.
- **Ascender**: ◈ Hilfslinie, die die Höhe der ▷Oberlänge definiert. ▷Baseline, ▷Descender.
- **Assets**: englisch für ›Wertobjekte‹, (in der Informatik) Elemente in einer Sammlung aus Objekten/Dateien.
- **Auge**: 🅰 Im Fenster > Ebenen wird die Eigenschaft entweder ▷sichtbar oder ▷unsichtbar über das Symbol des Auges gesteuert.
- **ausrichten**: 🅰 Sind mindestens zwei Objekte ausgewählt, dann können Sie über einen Befehl im Fenster > Ausrichten in eine andere Lage zu einander gebracht werden.
  🌀 Nach der Auswahl der Objekte wird mit einen einfachen Klick auf eines der Objekte dieses zum Ankerobjekt.
- **Auswahl**: 🅰 Ein oder mehrere ›aktive‹ Objekte, die vom Benutzer markiert wurden und auf die der nächste Bearbeitungsschritt angewendet wird.

B

- **Baseline**: ◈ Hilfslinie, die die Lage der ▷Grundlinie definiert. ▷Ascender, ▷Descender.
- **Bedienfeld**: 🅰 Schwebendes Fenster, in dem Funktionen oder Eigenschaften grafisch angeboten werden. Meist kann oben rechts das ▷Flyout-Menü für Zusatzeinstellungen geöffnet werden.
- **Bildpersonalisierung**: Ein Verfahren bei dem beliebige Texte in Bilder eingefügt werden, die oft aussehen, als seien sie als Unikat so fotografiert. ▷Direktmarketing.

- **Bold**: 𝑇𝑦 Auszeichnung von Buchstaben, die fett geschrieben werden, wie die Stichworte hier im Glossar.
- **Buchstabe**: 𝑇𝑦 Schriftzeichen in einer Alphabetschrift. ▷Glyphe.
  Siehe auch Band 2 ›Fonts verändern‹.

C

- **capHeight**: ◈ Hilfslinie, die die Höhe der Großbuchstaben ›A‹ bis ›Z‹ (ohne diakritische Zeichen wie Pünktchen oder Akzent über einem Buchstaben) definiert.
- **Codierung**: Übersetzung von ▷Buchstaben und Zeichen in digitale Zahlenfolge, die der Computer zur Darstellung von ▷Glyphen nutzt. ▷UTF-8.
- **Color Font**: ◈ ▷Font, der im Gegensatz zum einfarbigen Font, mehr Farben als nur reines ▷Schwarz benutzt.
- **Computerclub**: Zusammenkunft für den Erfahrungsaustausch von Computer begeisterten Menschen, die sich meist für ein Thema wie Software, Betriebssystem oder Hardware interessieren.
- **Copyright**: ⚠ ein übertragbares Recht, das ein ▷Urheber gegen eine Lizenzgebühr einräumt, eine Datei oder Schrift zu nutzen. Eine Verletzung des Copyright ist strafbar.
- **Courier**: 𝑇𝑦 Schrift, ein ▷Monospaced Font.
- **CMYK**: Druckindustrie, ▷Laserdrucker und ▷Tintenstrahldrucker drucken mit den Farben Cyan, Magenta, Yellow und dem Schwarzanteil (Key genannt). ▷Schwarz kann in CMYK auf mehrere Arten gedruckt werden. ≠ ▷RGB.

D

- **Database Publishing**: ▷Datenbank gestütztes Erstellen von Druckdatei z. B. für

Kataloge oder ▷Bildpersonalisierung. Neben der Datenbank braucht es ein ▷Layoutprogramm wie ▷Adobe InDesign.

▶ **Dateiendung**: ▲ ›Dateinamensuffix‹ oder ⊞ ›Datennamenerweiterung‹. Meist 2 bis 4 Buchstaben stehen durch einen Punkt getrennt am Ende eines Dateinamens. Dieses Kürzel gibt Auskunft über das Dateiformat.
  🌐 Falls nicht sichtbar, können die Endungen sichtbar gemacht werden:
  ▲ Rufen Sie im Finder den Menübefehl Finder > Einstellungen > Erweitert auf und setzen den Haken bei Alle Dateinamensuffixe einblenden.
  ⊞ Gehen Sie im Windows Explorer [⊞][E] in den Karteireiter Ansicht und setzen den Haken bei Dateinamenerweiterungen.

▶ **Datenbank**: System (Datei) zum effizienten Speichern von großen Datenmengen.

▶ **Datenquelle**: Eine CSV-Datei, die ▷Variablen bei einer ▷Stapelverarbeitung in ▣ füllt.

▶ **Datensatz**: Inhaltlich zusammenhängende Gruppe von Daten, ähnlich wie die Zeile in einer Tabelle, die in einer ▷Datenbank gespeichert ist.

▶ **DejaVu Sans**: *Ty* Serifenlose Schrift mit ▷public domain license.
  Siehe auch Band 2 ›Fonts verändern‹.

▶ **Descender**: ◆ Hilfslinie, die die Lage der ▷Unterlänge definiert. ▷Ascender, ▷Baseline.

▶ **Direktmarketing**: Werbemaßnahme, bei der der Kunde mit seinem Namen direkt angesprochen wird.

E

▶ **Eingabefeld**: ▣ Bereich zur Eingabe von alphanumerischen Informationen. Viele Eingabefelder können kleine Berechnungen wie ›0,7 * 18 pt‹ ausführen. Die Eingabe wird mit ▷Tabulator (Sprung zum nächsten Eingabefeld) oder ▷Return abgeschlossen. ≠ •Schaltfläche.

F

▶ **Farbfeldbibliothek**: ▣ Sammlung von voreingestellten Farben, die, wenn sie geöffnet werden, in einem neuen ▷Bedienfeld angezeigt werden.

▶ **Farbiger Font**: ◆ ▷Color Font.

▶ **Firmenfarbe**: Teil eines Unternehmens-Erscheinungsbilds (Corporate Design). U. a. mit Definitionen der Farben für Logo, Drucksachen, Außenwerbung und Internetauftritt.

▶ **Fläche**: ▣ Raum, der von einem ▷Pfad gebildet wird und mit einer ▷Flächenfarbe gefüllt werden kann.

▶ **Flächenfarbe**: ▣ Farbe oder ▷Verlauf auf einer ▷Fläche. Durchsichtig ist die Fläche mit der Einstellung ▷Ohne.

▶ **Fließtext**: *Ty* ›Lauftext‹. Durchgängiger Text, der unter einer Überschrift steht.

▶ **Flyout-Menü**: ▣ Ausklappmenüs, die per linken Mausklick auf das rechte, obere Symbol in einem ▷Bedienfeld oder Palette ausgeklappt werden können, um zusätzliche Einstellungen zu erreichen.

▶ **Font Info**: ◆ Eingabebereich für Informationen über den ▷Font wie Name und ▷Copyright.

▶ **Font-Ordner**: ▲, ⊞ In jedem Betriebssystem gibt es mehrere Ordner, in dem die installieren ▷Fonts liegen können.
  ▲-Pfad: ~/Library/Fonts/
  ⊞-Pfad: C:\Windows\Fonts
  ▣-▲-Pfad: ~/Library/Application Support/ Adobe/Fonts/Fontself
  ▣-⊞-Pfad: C:\Users\admin\AppData\ Roaming\Adobe\Fonts\Fontself

▶ **Font**: *Ty* Sammlung von Schriftzeichen, die durch ihr Erscheinungsbild zusammen gehören. Es gibt einfarbige Fonts (▷Schwarz, ▷Weiß) und ▷Color Fonts.

▸ **Fontself Maker**: ◈ Erweiterung für ▷Adobe Illustrator zum Erstellen von ▷ Fonts.

▸ **Freihandverlauf**: Ai ▷Verlauf von Farben zwischen mehreren Farbpunkten.

G

▸ **Glyphe**: *Ty* griechisch für ›Geritztes‹. Grafische Darstellung eines Schrift- oder Sonderzeichens.

▸ **Grafikstile**: Ai Wiederverwendbare Aussehen-Attribute, mit denen das Erscheinungsbild eines Objekts geändert werden kann.

▸ **Grundlinie**: *Ty* Linie, auf der die Buchstaben wie ›a‹ oder ›Z‹ ohne ▷Unterlängen stehen. In ◈ durch ▷Baseline definiert.

▸ **Gruppe**: Ai Eine Zusammenfassung von Objekten, die als Einheit behandelt werden können. Die Gruppierung ist aufhebbar.

H

▸ **Hilfslinie**: Ai Nicht druckbare Linie, u. a. zum ▷Ausrichten von Objekten. Sie wird aus dem ▷Lineal per Maus in das Dokument herausgezogen.

▸ **Home**: ◈ Schaltfläche zur Rückkehr in den Haupteingabebereich.

I

▸ **Illustrator**: Ai ▷Adobe Illustrator

▸ **In Pfade umwandeln**: Ai Befehl, der einen Text in ▷Pfade umwandelt, so dass die Buchstaben zu Objekten werden und der Text nicht mehr editierbar ist.

▸ **Isolationsmodus**: Ai Erlaubt das Bearbeiten von Objekten innerhalb einer ▷Gruppe.

🦉 Zum Einschalten des Modus gehen Sie in `Illustrator > Voreinstellungen > Allgemein` und aktivieren die Option `Zum Isolieren doppelklicken`.

🦉 Zum Wechseln in den Modus machen Sie einen Doppelklick auf eine Gruppe.

🦉 Zum Verlassen des Modus machen Sie einen Doppelklick auf einen leeren Bereich.

K

▸ **Kontur**: Ai Pfad, also der äußere Rand eines Objekts. ≠ ▷Fläche

▸ **Konturfarbe**: Ai Farbe oder ▷Verlauf, den eine Kontur hat. Unsichtbar ist die Kontur mit der Einstellung ▷Ohne.

▸ **Kopie speichern**: Ai 🦉 Speichert die aktuelle Datei unter neuen Namen ab, um einen Zwischenschritt für später aufzuheben

L

▸ **Laserdrucker**: Erstellt Ausdrucke auf Papier(seiten) durch ein elektrofotografisches Verfahren und nutzt dabei ▷CMYK-Farben.

▸ **Layoutprogramm**: Programm zur Gestaltung und Erstellung von Druckdateien von einseitigen Handzetteln bis hin zu umfangreichen Büchern. ▷Adobe InDesign

▸ **Lineal**: Ai Gleichmäßiges Zahlenraster oben und links am Rand der Arbeitsfläche. Aus ihm können ▷Hilfslinien in das Dokument gezogen werden.

▸ **lizenzfrei**: ⚖ Erlaubnis der unentgeltlichen Nutzung einer Datei oder Schrift durch jedermann. Die Urheberschaft ist davon unberührt. ▷Urheber, ▷public domain license.

▸ **Logo**: Grafisches Zeichen, das ein Unternehmen, Organisation oder Produkt repräsentiert.

M

- **MacOS X 10**: Von 2001 - 2016 der Name für das Betriebssystem für Apple Macintosh Computer. ▷macOS.
- **macOS**: Seit 2017 mit Version 10.12 ›Sierra‹ der neue Name des Betriebssystems für Apple Macintosh Computer.
- **Marker**: optische Markierung z. B. in Karten.
- **Marker**: 🅰 Bewegliche Markierung (Punkt) u. a. in ▷Freihandverlauf.
- **maximales Schwarz**: ▷Schwarz, maximales.
- **Mono**: ◈ Funktion, die die Buchstabenbreiten auf den gleichen Wert ändert, so dass eine nichtproportionale Schrift, ein ▷Monospaced Font, entsteht.
- **Monospaced Font**: ◈ Ein ▷Font, bei dem alle Buchstaben die gleichen Breite haben.
- **Muster**: 🅰 Sich wiederholende grafische Elemente, die auf eine Fläche als Füllmuster gelegt werden können.

N

- **Nadeldrucker**: Computerdrucker, bei dem Nadeln auf ein Farbband schlagen und so Punkte auf ein Papier bringen. Die ersten Modelle in den 1980er hatten 7 Nadeln. ▷7x5-Matrix. Später folgten Modelle mit bis zu 48 Nadeln.
- **Nadeldruckerschrift**: $T\bar{y}$ Schrift, die durch einen ▷Nadeldrucker entsteht. ▷7x5-Matrix.
- **Name**: 🅰 Frei wählbare Bezeichnung für ein Objekt, das im Fenster > Ebenen angezeigt und geändert werden kann. Automatisch von 🅰 erstellte Namen werden von spitzen Klammern wie <Pfad> eingeschlossen. Der Name kann von ◈ als ▷Tastenbelegung übernommen werden.

- **Nichtproportionalschrift**: $T\bar{y}$ ▷Monospaced Font.
- **Nichts**: 🅰 Füllung einer ▷Fläche oder ▷Kontur ohne Farbe.

O

- **Oberlänge**: $T\bar{y}$ Höhe der Großbuchstaben inkl. der diakritischen Zeichen wie Akzent oder Pünktchen wie beim ›Ä‹.
- **Objekt**: 🅰 Grafisches Element von einem Punkt bis hin zu ▷Gruppen, die als Einheit behandelt werden.
- **Ohne Copyright**: ⚠ ▷lizenzfrei, ▷public domain license, ≠ ▷Copyright.
- **Ohne**: 🅰 Eine ▷Fläche oder ▷Kontur ohne Farbe, die also durchsichtig/unsichtbar sind.
- **OpenType Font**: $T\bar{y}$ Plattformübergreifendes Fontformat von Microsoft und Adobe entwickelt mit zahlreichen typografischen Fähigkeiten wie Alternativen, Ligaturen usw. Siehe auch Band 2 ›Fonts verändern‹.
- **optimieren**: 🅰 ▷vereinfachen.

P

- **Pathfinder**: 🅰 Funktionen (Boolesche Operationen) zum Vereinen oder Schneiden von Objekten. Wörtlich aus dem Englischen ›Pfadfinder‹.
- **PDF**: Portables Dokumenten-Format, ein plattformunabhängiges Dateiformat, das 1993 von Adobe veröffentlicht wurde.
- **Pfad**: 🅰 Eine meist nicht-lineare Linie, die durch mindestens 2 Punkte definiert wird. Sie wird u. a. mit dem Pfadwerkzeug gezeichnet.
- **Pipette**: 🅰 Werkzeug, das Eigenschaften wie ▷Flächenfarbe aufnehmen und an andere ▷Objekte weitergeben kann.

▶ **Pixelgrafik**: ›Rastergrafik‹, ein Bild, das aus Pixelpunkten besteht und abhängig von der Bildauflösung ist. ≠ ▷Vektorgrafik

▶ **proportional**: 〖Ai〗 bezeichnet ein festes Verhältnis von Breite und Höhe eines ▷Objekts. ⚠ Zu beachten beim ▷Skalieren.

▶ **pt**: 〖Ty〗 Abkürzung für die Maßeinheit ›Punkt‹, die ein Maß für die ▷Schriftgröße bezeichnet.

▶ **public domain license**: ⚠ Der ▷Urheber verzichtet auf alle Schutzrechte. Oft durch ⊘ oder ⓟ gekennzeichnet. ▷Lizenzfrei, ▷Urheber, ≠ ▷Copyright.

R

▶ **Raster**: 〖Ai〗 Nichtdruckbares Gitter, das ein- und ausgeblendet werden kann und an dem ▷Objekte ausgerichtet werden können.

▶ **Rasterlinie**: 〖Ai〗 Linie in einem ▷Raster.

▶ **reines Schwarz**: ▷Schwarz, reines.

▶ **Reset**: ◈ Zurücksetzen der Buchstabenbreiten in einem erstellten ▷Font.

▶ **Return**: ⌘, ⊞ ›Eingabetaste‹ oder ›Zeilenschalter‹ genannt. Bestätigt eine Eingabe oder beginnt eine neue Zeile.

▶ **RGB**: Additiver Farbraum, der aus den Grundfarben Rot, Grün und Blau alle Farben erzeugen kann. ▷Schwarz entsteht mit den Werten R=0, G=0, B=0.

S

▶ **Schaltfläche**: 〖Ai〗 ›Knopf‹ oder ›Button‹, ein mit der Maus anklickbarer Bereich. ≠ ▷Eingabefeld.

▶ **Schloss**: 〖Ai〗 ▷Schutz.

▶ **Schriftgröße**: 〖Ty〗 ›Schriftgrad‹, Größe einer Schrift, die aus der Höhe der ▷Oberlängen und ▷Unterlängen eines ▷Fonts ermittelt wird.

▶ **Schutz**: 〖Ai〗 Durch das ▷Schloss wird ein ▷Objekt im `Fenster > Ebenen` vor Veränderungen geschützt.

▶ **Schwarz**: gehört wie ▷Weiß und Grau zu den unbunten Farben. ▷Schwarz, reines.

▶ **Schwarz, reines**: Das ▷Schwarz, das in ▷CMYK nur aus Black=100 % und in ▷RGB aus R=0, G=0, B=0 besteht .
⚠ Nur aus Symbolen in einem reinen Schwarz erstellt ▷Fontself eine einfarbige ▷Font. Wird eine andere Farbe verwendet, entsteht ein ▷Color Font.

▶ **Schwarz, maximales**: Entsteht, wenn im ▷CMYK-Modus alle Werte auf 100 % gesetzt werden. Dies wird in der Druckindustrie für ein ›sattes‹ oder ›tiefes‹ Schwarz verwendet. ≠ ▷Schwarz, reines.

▶ **Schwellenwert**: 〖Ai〗 Nummerischer Grenzwert, ab dem eine Verarbeitung ausgeführt wird.

▶ **Set Space**: ◈ Verändert nummerisch die Abstände vor und hinter einem Buchstaben.

▶ **Sichern**: ⌘ Speichern von Dokumenten (Dateien) auf ein Speichermedium wie der Festplatte, gleichbedeutend mit ▷Speichern.

▶ **sichtbar**: 〖Ai〗 Eigenschaft eines ▷Objekt in `Fenster > Ebene`. Wird durch das Symbol ▷Auge angezeigt. ≠▷unsichtbar.

▶ **skalieren**: 〖Ai〗 Größenveränderung eines ▷Objekts, die ▷proportional oder unproportional erfolgen kann und Teil der ▷Transformationen ist.

▶ **speichern**: ⊞ Speichern von Dokumenten (Dateien) auf ein Speichermedium wie der Festplatte, gleichbedeutend mit ▷Sichern.

▶ **Stapelverarbeitung**: 〖Ai〗 Ausführung einer ▷Aktion zusammen mit einer ▷Datenquelle für ▷Bildpersonalisierung oder ▷Database Publishing.

- **Stilisierungsfilter**: 🅰 Funktion, die ein Objekt durch eine feste Programmierung verändert, wie ›Ecken abrunden‹.
- **svg**: 🅰 Scalable Vector Graphics (skalierbare Vektorgrafik) ist eine ▷Vektorgrafik, die plattformübergreifend genutzt werden kann und vor allem im Internet immer mehr an Bedeutung gewinnt. Von Adobe mitentwickelt.
- **Symbol**: 🅰 Bildobjekt, das in einem Dokument mehrfach verwendet werden kann. Im Dokument liegen nur Instanzen, die bei Änderung des Symbols sich automatisch mitverändern.

T

- **Tabellenkalkulationsprogramm**: Software für die Eingabe zur Verarbeitung von numerischen Daten in Tabellenform.
- **Tabulator**: , ⊞ kurz ›Tab‹, Taste, die einen Sprung zu einer definierten Stelle im Text oder zum nächsten ▷Eingabefeld erlaubt.
- **Tastenkombination**: , ⊞ Gleichzeitiges Drücken von zwei oder mehr Tasten. Z. B. bedeutet [opt][A] das Drücken der [opt]-Taste und der Taste [A] zum gleichen Zeitpunkt.
- **Tastaturbelegung**: Zuweisung einer ▷Glyphe mit einer Taste, damit z. B. der Buchstabe ›ß‹ beim Drücken der Taste [ß] erscheint. ▷Name.
- **Texteditor**: Programm zum Schreiben von einfachen Texten.
   TextEdit im Ordner Programme
  ⊞ Editor im Startmenü > Windows-Zubehör
- **Tingierung**: Farbgebung (Tinktur) von Wappen. Beim Druck mit nur schwarzer Farbe werden den Farben ein einheitliches System von Schraffuren mit Punkten und Strichen zugewiesen, damit die Farben unterscheidbar bleiben.

- **Tintenstrahldrucker**: Wie der ▷Nadeldrucker, ein Matrixdrucker, der gezielt kleine Tintentröpfchen auf Papier bringt. Einfache Modelle nutzen ▷CMYK-Farben, Profi-Fototintenstrahldrucker bis zu 12 Farben.
- **transformieren**: 🅰 Veränderung eines Objektes in Lage, Größe oder Form. ▷Skalieren
- **Transparenz**: 🅰 Eigenschaft, die ein Objekt mit einer Deckkraft zwischen 0 und 100 % durchscheinen lässt.
  ⚠ Für ◈ muss eine Transparenz reduziert werden, damit ein ▷Font erstellt werden kann.
- **Typografie**: 𝑇𝑦 Die Gestaltung von Druckwerken wie Büchern und auch die Gestaltung von gedruckten Schriften (Schriftsatz) in Abgrenzung zur Handschrift.
  Siehe auch Band 2 ›Fonts verändern‹.

U

- **umwandeln**: 🅰 Konvertiert den Effekt ▷Angleichen zwischen Start- und Zielobjekt in eine ▷Gruppe einzelner ▷Objekte, die den Zwischenschritten entsprechen.
- **Unicode**: ▷UTF-8, ▷Codierung.
- **units per em**: ◈ Die Maßeinheit em entspricht der Breite eines Geviert-Strichs ›—‹. ◈ arbeitet intern mit 1000 Einheiten pro em. Die ▷Oberlänge wird durch das erste Symbol, das importiert wird, auf 700 UPM also 70 % der ▷Schriftgröße festgelegt.
- **unsichtbar**: 🅰 Eigenschaft eines Objekts im Fenster > Ebenen. Wird durch das Symbol ▷Auge angezeigt. ≠ ▷sichtbar.
- **Unterlänge**: 𝑇𝑦 Buchstaben wie ›g‹ oder ›p‹ durchbrechen die ▷Grundlinie und bilden so die Unterlänge. Aus ihr und der ▷Oberlänge ermittelt sich die ▷Schriftgröße.
- **Untertitel**: Text, die unter einer Grafik steht.
- **UPM**: ◈ ▷units per em.

Legende: ▷ siehe unter, ≠ im Gegensatz zu, 🦉 = Tipp

- **Urheber**: Schöpfer von etwas Neuem im Bereich der Kunst oder Wissenschaft. Seine Werke sind durch das deutsche Urheberrecht geschützt. Dieses Recht ist nicht übertragbar. ▷Copyright, ≠ ▷lizenzfrei, ≠ ▷public domain license.
- **UTF-8**: ›8-Bit UCS Transformation Format‹ ist eine ▷Codierung von Zeichen, die es erlaubt über 1 Millionen Zeichen darzustellen und damit theoretisch jedes Alphabetzeichen (▷Buchstaben) der Welt.

V

- **Variable**: ⒜ Platzhalter für einen Text oder ein Objekt, das bei der ▷Stapelverarbeitung benötigt wird.
- **Vektorgrafik**: Computergrafik, die auflösungsunabhängig aus Punkten und allgemeinen Kurven (Splines, ▷Pfad) besteht. ≠ ▷Pixelgrafik.
- **Vektorgrafikprogramm**: Software zum Erstellen von ▷Vektorgrafik, wie ▷Adobe Illustrator.
- **vereinfachen**: ⒜ Reduzieren der (Stütz-)Punkte in einem ▷Objekt, um die Datenmenge zu verringern.
  ⚠ ◈ hat eine Grenze von 1000 Punkten pro Zeichen.
- **Verknüpfung**: ⒜ ▷Symbole.
- **Verknüpfung**: ▦ ▷Alias-Datei.
- **Verlauf**: ⒜ Statt einer Farbe kann eine ▷Fläche oder ▷Kontur mit mindestens zwei Farben gefüllt werden, die von einer Start- zu einer Zielfarbe kontinuierlich in einander übergehen.

W

- **Wasserfall**: 𝑇𝑦 Darstellung eines ▷Fonts gleich einer Kaskade, bei der zuerst in einer kleinen und dann immer größeren ▷Schriftgrößen die Zeichen dargestellt werden. In ▦ automatisch zu sehen, wenn ein ▷Font per Doppelklick geöffnet wird.
- **Webbrowser**: Programm zum Anzeigen von Internetseiten. Im Betriebssystem ...
   ist das Programm Safari bzw.
  ▦ ist der Internet Explorer installiert.
  Es gibt daneben viele Alternativen wie Google Chrome, Firefox, Opera usw.
- **Weiß**: ◈ In einfarbigen ▷Fonts, die nur aus ▷Schwarz bestehen, sind die scheinbar weißen Räume sind in Wahrheit Löcher.
- **Windows 10**: ▦ Betriebssystem für PCs.

Z

- **Zeichenformat**: 𝑇𝑦 In ▷Layoutprogrammen können Zeichen bestimmte Eigenschaften wie Größe, Farbe, Neigung zugewiesen und benannt werden. Durch Änderung im Zeichenformat erhalten alle Zeichen, die diesem zugewiesen sind, die neue Eigenschaft.
- **Zeichensatz**: 𝑇𝑦 ▷Font
- **Zusammengesetzter Pfad**: ⒜ Kombination von mindesten zwei Pfaden, die im Gegensatz zu einer ▷Gruppe durch das Zusammensetzen das Aussehen verändern können. Im Gegensatz zu einer ▷Pathfinder-Funktion, kann der zusammengesetzte Pfad zurückverwandelt werden.

Stichwortverzeichnis (Index)

Legende: ⚠ = Achtung, 🌐 = Internet, 👁 = Tipp

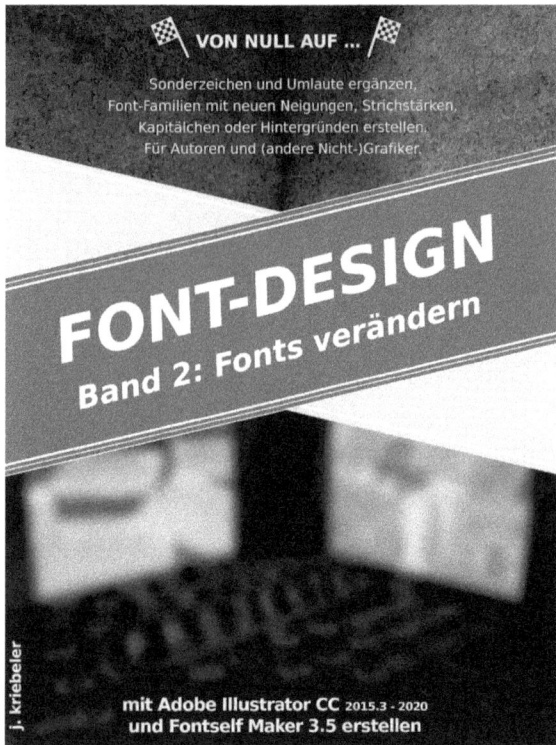

🏁 VON NULL AUF ... 🏁

FONT-DESIGN

Band 2: Fonts verändern

Geplanter Inhalt:

▶ Sonderzeichen und Umlaute ergänzen

▶ Kapitälchen, Alternativen, Ligaturen

▶ Font mit korrekter Unterstreichung

▶ Font mit Hintergrund wie Notenlinien

▶ Font-Familie mit neuen Strichstärken

▶ Font-Familie mit neuen Neigungen

▶ Layered Fonts erstellen

Der zweite Band erscheint als Buch und E-Book im Herbst 2020. Aktuelle Informationen finden Sie auf 🌐 www.cg4u.de/fd2.

Lightning Source UK Ltd.
Milton Keynes UK
UKHW030701160921
390678UK00011B/1001

9 783751 978927